Scrittori italiani e stranieri

Mauro Corona

Lunario sentimentale

ILLUSTRAZIONI DI MATTEO CORONA

MONDADORI

Dello stesso autore in edizione Mondadori

Nel legno e nella pietra
Aspro e dolce
L'ombra del bastone
I fantasmi di pietra
Cani, camosci, cuculi (e un corvo)
Storie del bosco antico
Le voci del bosco
Storia di Neve
Il canto delle manére
La fine del mondo storto
Torneranno le quattro stagioni
La ballata della donna ertana
Come sasso nella corrente
Venti racconti allegri e uno triste
Guida poco che devi bere. Manuale a uso dei giovani per imparare a bere
Vajont: quelli del dopo
La voce degli uomini freddi
Una lacrima color turchese
I misteri della montagna
Favola in bianco e nero
La via del sole
Nel muro
Il passo del vento. Sillabario alpino (con Matteo Righetto)
L'ultimo sorso
Quattro stagioni per vivere
Le cinque porte
Le altalene

mondadori.it

www.maurocorona.it

Lunario sentimentale
di Mauro Corona
Collezione Scrittori italiani e stranieri

ISBN 978-88-04-79374-8

Pubblicato in accordo con MalaTesta Lit. Ag. Milano
I edizione settembre 2024

Lunario sentimentale

In memoria delle Gaie: Maria, Tonina e Polonia, ultime esponenti di quel mondo contadino raccolto in queste pagine.

Avvertenza ai cercatori di verità. Questo lunario sentimentale, che vive di ricordi – o, per meglio dire, di quel che si vorrebbe ricordare –, è composto per un buon cinquanta per cento da fantasia, detta anche invenzione. L'altra metà campa di ricordi lontani, ben sapendo che la distanza dai fatti non di rado produce incertezze e memorie confuse. Nomi e luoghi e fatti sono inventati, chi cercherà di riconoscersi in codeste pagine sappia che sta perdendo tempo. Ogni riferimento a qualcosa o qualcuno è da ritenersi puramente casuale.

Calendario dei sentimenti

Oggi mio padre avrebbe compiuto cento anni. Era del '23. Scrivo questo "calendario sentimentale" anche per lui, per onorare la sua triste memoria. Tante cose, svolte nelle stagioni, le ho fatte sotto la sua guida. Erano azioni condotte in regime di terrore. Altre, più belle e importanti, le ho frequentate col nonno paterno, dentro un regime di bontà e pazienza. Entrambi sono morti da anni. Del primo non sento la mancanza, del secondo sì.

Anche della nonna Maria e zia Clementina sento la mancanza, sebbene se ne siano andate anche loro da molto tempo.

La nostalgia è un sentimento che mi accompagna. Adesso che ho superato i settanta e buona parte della mia vita è alle spalle, mi appartiene il ricordo di un tempo che è stato e che non tornerà. Non è rimpianto, bensì il bisogno di tenere viva la memoria di un passato che qui dove vivo è sfumato un po' alla volta, cedendo via via il testimone alla modernità. Qui il mondo a cui appartenevo è finito la sera del 9 ottobre del 1963. Il disastro del Vajont è stato un colpo di scure che ha spaccato le nostre vite in un prima e un dopo. È di quel mondo contadino ormai perduto che voglio raccontare.

Prima che il monte Toc perdesse la carne con la frana che ancora oggi gli lascia esposte le ossa, il nostro calendario divideva i mesi coi nomi dei lavori che si dovevano svolgere in quel periodo. Gennaio era il mese del letame, febbraio delle maschere, marzo degli sterpi, aprile era il mese delle vanghe. Maggio piegava i virgulti, giugno scuoteva i campanacci, luglio era mese del fieno. Agosto apparteneva a musiche e canti, settembre alle grappe che ubriacavano frutti di bosco. Ottobre mese delle foglie, novembre re delle cataste, dicembre degli abeti bianchi. Così si andava avanti. Pochi mezzi, poche illusioni, scarse speranze e molta serenità.

Erto, domenica 18 giugno 2023, ore 16.15

inverno

Gennaio

mese del letame

Gennaio era il mese del letame. Lo si spargeva sui campi innevati, che in autunno dovevano dar patate. Quello d'avanzo finiva sui prati, meno importanti giacché l'erba cresceva comunque, concime o meno.

La neve – in dialetto *neif* al maschile – tratteneva il concime tra i fiocchi induriti dal freddo per poi, col disgelo di primavera, tirarlo giù e farlo penetrare nella terra intenerita dai primi tepori.

Assieme ai fratelli Felice e Richetto, vivevo coi nonni paterni. Eravamo orfani di genitori viventi. Fin da bambini davamo una mano a spingere le difficoltà della vita un metro più in là, giorno dopo giorno, con tenacia e senza fiatare. I tempi dell'infanzia sono stati segnati dall'impatto di colori, suoni, avvenimenti e destini potenti, tra loro contrastanti e spesso offensivi come insulti. I campi di neve, candidi, immacolati, puri come anime di bimbi, venivano di colpo oltraggiati dal nero del letame, scaricato da slitte capienti trascinate a mano. Oppure puntinati da piccoli cumuli scuri, uno accanto all'altro, porzioni di tale escremento svuotato dalle gerle.

Pochi conoscono il peso specifico del letame spostato a spalle. Piombo pastoso, compatto, denso e sgocciolante ancora fresco, marmoreo quando stagionato.

I miei fratelli e io guardavamo esterrefatti e impauriti quel bianco puro, liscio, perfetto improvvisamente sporcato, contaminato, oltraggiato dalle chiazze scure del letame o dai numerosi mucchi a cono rovesciato. Qualcosa non tornava nelle nostre anime. Sentivamo che quelle azioni, quei lavori in fondo condotti a fin di bene stridevano con la sensibilità del cuore che voleva naturale e incontaminato l'ordine delle cose. Letame sulla neve, frantumazione del pulito, peccato originale, insulto al bello, pugni nello stomaco.

Quando il materiale stercoso s'accumulava troppo in fretta, urgeva portarlo in loco a primavera, prima che l'erba premesse. A quel punto la faccenda cambiava musica. La pasta argillosa generava un percolato denso che usciva dalle gerle finendo sulla schiena. Per proteggersi alla buona, si metteva un sacco di iuta infilato a mo' di cappuccio sulla testa che da lì scendeva alle anche.

A portare il letame nelle gerle erano solo donne. A volte più di trenta portatrici a muovere stallatico. Il cavalletto di carico veniva sistemato accanto alla concimaia – ciascuna famiglia aveva la propria. Consisteva in un semplice trespolo di legno triangolare, a tre piedi, alto due metri. Un'asse trasversale a metà altezza fungeva da appoggio per la base della gerla. In fila indiana, silenziose, una dopo l'altra, curve sotto il peso, le donne andavano e venivano con passo lento e fatica palese.

Ogni tanto, quando il letame era tenero per la primavera incipiente, qualche cinico maschio fingeva di sbagliare badilata e buttava una zolla di merda bovina in testa alla portatrice, specie se carina. Dopodiché, inscenando scuse false, giù risate e commenti sarcastici.

D'inverno, quando il letame diventava marmo, e finiva sulla neve anch'essa di marmo, gli scherzi cambiavano forma. Sulla pala stava un blocco di pietra scavato a picconate. Cosa c'era di meglio che sollevare la badilata di sterco più in alto del necessario e calarla con forza nell'apertura della gerla? Prese alla sprovvista, le poverine piegavano le ginocchia fino in terra. Con l'ulteriore sforzo di doversi rialzare. Genuflessione obbligata agli dei dell'arroganza.

Non sempre le prese di mira accettavano di buon grado. Una volta Genoèfa dal Col reagì di suo carattere. All'ennesima badilata di concime tenero sulla guancia, si voltò, lasciò cadere il carico, afferrò con le mani una grossa fetta di merda sgocciolante e la spalmò sulla faccia dell'incauto cretino. Accanto a lei, Zolìana de Bia disse: «Efa, non buttare così il letame, merda su merda è roba sprecata».

Un'altra portatrice, la più anziana, un giorno si ribellò da par suo all'angheria screanzata del badilante in vena di scherzi. Questa volta lo stallatico era compatto, tagliato in grossi blocchi verde scuro. Faceva freddo, le donne affaticate fumavano nel corpo come incendiate. Dalle labbra socchiuse usciva la condensa del respiro ansimante. La pausa di carico non bastava per riavere fiato giusto. Il tempo era poco, i badilanti numerosi e veloci, le soste brevi. Un uomo che parlava di continuo calò con forza per tre volte la badilata di sterco indurito. L'ultima sbilanciò all'indietro Maria de la Giobba, che cadde seduta. Si rimise dritta dopo aver tolto la gerla dalle spalle. S'avvicinò al badilante dell'ultima ora e disse: «Dammi la pala, faccio il carico io, così ti spiego come si fa».

«*Ciò, ràngete*»[1] rispose sprezzante l'uomo, porgendole l'attrezzo.

Non l'avesse mai fatto. Maria de la Giobba, anni settanta, alzò il badile e per tre volte lo calò sulla testa dell'incauto che non prevedeva simil reazione. Quando cercò di parare il terzo colpo alzando le braccia sul berretto, rimediò soltanto un grosso taglio al polso sinistro.

Prima di andarsene, il tipaccio fissò la donna sibilando: «*Chesta to la pagiarà sciara*».[2] La Giobba alzò il badile per dargli un'altra botta, ma la fermarono. Disse all'energumeno: «*Via pur, te spìat a cortél in tal gremèl*».[3]

Questi erano i giorni del letame sulla neve, quando gennaio latrava mostrando i denti di gelo, il pastrano di vento, i capelli di ghiaccio e le scarpe ferrate.

Se le concimaie erano in luoghi ripidi, situate su pascoli alti, figlie di stalle in quota, per trasportare a valle lo stallatico si adoperava una slitta apposta detta *mussa thevìara*. Qui toccava agli uomini faticare.

[1] Tieni, arrangiati.

[2] Questa la pagherai cara.

[3] Vieni pure, t'aspetto con il coltello nel grembiule.

Nella vita quotidiana, le genti del paese verticale usavano tre tipi di slitte: da legna, da fieno e da letame. Ognuna, tolta la struttura base, era completamente diversa dalle sorelle. La *thevìara* veniva condotta da due uomini: uno davanti alla guida, l'altro dietro alla frenata. Sulle erte piste ghiacciate ci voleva uno che, mediante corda legata al "retrotreno" della *mussa* e passata in spalla a mo' di sicura alpinistica, rallentasse la discesa. Pilota e frenatore calzavano entrambi *dàmede a grif*, robuste galosce di legno munite di chiodi sporgenti due centimetri.

Nonostante forza, esperienza e cautela, gli incidenti non mancavano. Per le ragioni più imprevedibili, qualche tibia saltava. Le caviglie erano le prime, a causa della rigidità delle *dàmede*. Non mancavano costole rotte, tagli, ferite varie, testa inclusa.

Una volta il montanaro-contadino Svalt al Lìavre (Osvaldo la Lepre) saltò nella disgrazia per una pietra emergente. Al freno stava Bìa di Ciolth (Giovan Maria dei Chiodi), uno che beveva. A dire il vero bevevano in parecchi, privilegiando d'inverno l'acquavite, che scaldava budella e cervelli. Faceva freddo, la pista che scendeva dal Caldièron era una lastra di vetro. Occorreva prestare occhio, tenere i pattini del mezzo dentro le apposite scanalature. Ma si palesò improvvisa quella pietra sporgente, nella quale il Lìavre andò a picchiare la galoscia destra, che si spaccò in due. Privo dell'appoggio ferrato, perdette il controllo della slitta, che partì giù dal pendio. Colto alla sprovvista, Bìa di Ciolth fu trascinato muso a terra. A quel punto pensò bene di mollare la corda, lasciando Lepre – è il caso di dirlo – nella merda.

Quello filò giù, tracciando un arco come una stella cadente, fino al campo di neve dove la slitta si rovesciò, travolgendolo.

Occorre sapere che le *musse* sono munite sul davanti di due solidi bastoni in nocciolo, lunghi un metro e trenta. Servono per guidare il mezzo in discesa e trascinarlo sul piano. Afferrandoli con entrambe le mani, culo sul traverso, gambe in avanti sempre in tensione, si cala metro dopo metro la *mussa thevìara* senza farla andare in fuga. Se prende velocità non la fermi più e sono guai.

Lo capì anche il Lepre, che si trovò pieno di botte, escoriazioni e naso rotto. Il sangue arrossò la neve mentre cercava di rimettersi in piedi.

La neve è fatta per non ricevere altri colori. Digerisce solo bianco. Tutto ciò che non è candido come lei e per disgrazia le viene addosso contrasta e inquieta. Il contrasto fa male come un pugno allo stomaco. Indigesti per la neve sono i toni scuri nonché i rossi infuocati e sanguigni. Non così per la tela dei pittori. Il suo candore accetta benevolo i pigmenti di mondo senza diventare inquietante per chi guarda, né spaventarlo.

L'impressione brutale, angosciante, che ancora domina certe mie notti è la visione del camoscio morto, il cui sangue si allargava sul lenzuolo immacolato della Val Pagnàch. Faceva impressione anche quello dei forcelli uccisi nei mesi di aprile e maggio, quando in fondo a Val Bosconero in certi avvallamenti la neve stazionava ancora a metri. Durava tutta l'estate e noi, scavando un buco, mettevamo in fresco le prede della caccia. Ma il sangue che lacerava il candore era sempre un brutto colpo. Il nonno paterno, uomo d'altri tempi, che viveva di poco come un albero e osservava molto come un gufo, diceva che la neve è come l'anima: si sporca presto quando il ragazzo comincia a capire.

Il caro amico Celio affermava: «Dove arriva l'uomo sporca l'acqua». Insomma, sempre il maschio al centro del male. Esistono però insozzature di candori che, seppur inquietano e disturbano l'occhio, nascono a fin di bene. Come appunto il letame sulla neve, concimare la terra passando per il filtro bianco degli accumuli.

A quei tempi, quando ero bambino, ci fu un giorno memorabile in cui il mondo dell'alpe si civilizzò grazie a una vecchia mula scartata dall'esercito. La salvò un alpino cui l'avevano affidata durante il servizio militare. Dopo molti anni, saputo che sarebbe finita al macello, la riscattò e la prese con sé. Invano tentò di salvare gli altri quadrupedi componenti la 14ª batteria del gruppo Conegliano di artiglieria da montagna. Diventarono bistecche e lui pianse rimanendo serio per giorni. Quell'inverno che l'uomo mise l'animale all'opera qualcuno ancora lo ricorda.

Tra questi superstiti malinconici, ultimi testimoni di un mondo arcaico, semplice e pulito, vi sono anch'io. Rammento i giorni della mula e del traino di dodici slitte. Slitte cariche di letame, legate una dietro l'altra, in fila indiana. Protetta da muri di neve alti fino alle spalle, scortata da contadini taciturni, la bestia avanzava attraverso il paese, trascinando il suo carico di futuro. Significava erba, fieni profumati, verdure buone, orti e campi rigogliosi, frutti, patate e speranza.

Lungo una via di un paese dolomitico, terra di minatori e scalatori, lessi un giorno due cartelli che raccontavano il contrasto dei tempi. Uno recitava: *Compro oro*, gestito da un cinese. Poco discosto, fornendo l'indirizzo esatto della stalla, l'altro diceva: *Vendo letame*. Notai più clienti dal trafficante cinese che non dal contadino. Eppure, considerati gli avvenimenti odierni, forse conviene investire nello sterco anziché in metalli pregiati.

La mula, di nome Sara, contribuì per quell'inverno a trasportare letame sulla neve, levando fatica alle portatrici e facendo sperare i montanari in un futuro più liscio. Ma fu solo breve illusione. Il cambiamento durò lo spazio di una stagione. Terminò al cader delle foglie, quando, trascinando tronchi nei boschi della Becola, Sara precipitò in un burrone e morì. Contribuì anche dopo morta a sostenere la gente del paese ripido. Si rese alimento in forma di carne, mentre le ossa bollite diventarono brodo corroborante nelle sere malinconiche.

Gennaio non era esclusivamente mese adibito al letame. Si facevano altri lavori, opere utili alle famiglie, al paese, alla vita della stagione corrente. Quelli erano impegni giornalieri, abituali, non legati a scadenza precisa. Il trasporto del letame nel mese di gennaio era invece un appuntamento fisso, legato a quel periodo e basta. È vero che c'erano ritardatari, bastian contrari, spiriti contestatori che spostavano il concime quando e come volevano. Tutto questo non toglieva prestigio al mese del letame, che tale rimaneva per la maggior parte dei montanari. Alla stregua di altre, la concimaia era faccenda che coinvolgeva tutta la comunità.

In tempi remoti, quando la legge era il fai da te, svuotare la letamaia dopo uno, due anni di accumulo diventava lavoro piuttosto inquietante. Potevano apparire sorprese poco allegre.

È risaputo che il letame bovino è un formidabile distruttore di materiale umano e animale. Qualsiasi corpo venga inabissato nelle sue tenebre dopo qualche tempo non esiste più. Rimangono le ossa, ma anche quelle, trascorso un periodo che si può definire in due-tre anni, cominciano a sfarinarsi al minimo tocco.

Era usanza seppellire nel letame carogne di animali morti per malattie, infezioni, quindi non commestibili. Pelli di bestie con rogne o altro che non potevano essere conciate nemmeno per i lugubri tamburi del Venerdì Santo. Si "inletamavano" altresì prove scottanti di bracconaggi. Insomma, tutto ciò che doveva sparire senza lasciare traccia veniva inumato nella concimaia. La profondità di sfacelo stava dal metro e mezzo in giù. Mai di meno. Qualcuno potrebbe obiettare che tutto poteva essere interrato nei boschi fuori paese, o nei campi resi sterili da eredità in contrasto. No. Le bestie della montagna sarebbero calate a disseppellire carogne, carcasse e resti vari, roba che il terreno non riusciva a estinguere. Quindi, lasciando prove.

Ciò che torna alla luce dal ventre della Terra è molto pericoloso. Perché si riesumano i cadaveri? Per cercare delle prove. E spesso si trovano. Il letame non ne lascia.

Succedevano nei tempi antichi fatti strani. Ogni tanto mancava all'appello del mese qualche persona. Uomo o donna, giovane o vecchio. E non tornava. Né mai più appariva l'ombra della sua esistenza. Quando furono svuotate certe letamaie di proprietari poco raccomandabili, sul fondo apparvero oggetti che non dovevano stare lì. Borchie, fibbie, anelli, ferri di scarpa. Una di quelle fibbie venne riconosciuta: apparteneva a un uomo scomparso da tempo. Sull'oggetto stavano incise le iniziali del suo nome. Ecco dov'era finito: sul fondo della concimaia. Laggiù, nell'abisso putrido e pastoso, gli acidi del letame lo avevano liquefatto e ingoiato come fanno certi ragni con le prede. Così che il morto diventava suo malgrado concime del terreno. A gennaio, per la seconda volta, veniva assorbito da un elemento naturale: la neve. La quale a primavera, nelle tiepide giornate del disgelo, lo conficcava nel terreno, avvolto dalle tenebre senza ritorno. Scomparso, ammazzato, rinato e morto di nuovo, nell'eterno viaggio di nozze del nero con il bianco. Chissà se i futuri mangiatori di patate, o verdure, immaginavano che tutto quel ben di Dio, cresciuto rigoglioso nei campi di Ripido, era merito anche di quel tizio che da anni mancava dal villaggio. Probabilmente no. Eppure a volte venivano cinicamente informati. «Che buona roba è venuta quest'anno. E che patate!» diceva un contadino. E l'altro che gli stava accanto: «Tutto merito del tal dei tali». «Ma come? Quello non si vede da anni, deve essere andato via, emigrato da qualche parte.» «No, no, è più vicino di quanto credi, se ne sta nascosto, ma è nei dintorni.» La faccenda si chiudeva così, a mo' di scherzo o misteriosa provocazione, ma se avesse immaginato! Occorre precisare che tali fatti accadevano duecento anni fa, non ai tempi di cui sto raccontando.

Le faccende di gennaio non finivano coi mucchi di sterco in fila indiana ordinati sulla neve. Quel letame occorreva frantumarlo e sparpagliarlo bene fino ai bordi estremi del fondo. Compito anche questo assegnato al gentil sesso. Ma c'era qualcosa che venisse risparmiato alle donne? No. Esaurito lo sforzo fisico principale – e qui ognuno la interpreti come vuole – i fuchi fecondatori si facevano da parte con l'invito: «Prego, accomodatevi». E quelle rifinivano. Con fatica, sacrificio, pazienza e bocca chiusa.

A volte capitavano incidenti, in qualche caso frutto di risse. Esser feriti col forcone sporco di letame spesso comportava conseguenze disastrose, non di rado fatali. Infezioni pericolose, curate con acqua bollente e sale. Piaghe che non guarivano, pus che spurgava nei giorni. A volte, il silenzio cosciente e brutale del tetano poneva fine a tutto.

A primavera, quando il tepore scaldava la terra, su qualche zolla di sterco rimasta intonsa spuntava un fiorellino giallo. A volte anche due o tre. Come cantava De André. Era segnale buono, l'inverno svoltava l'angolo, il sole s'arrampicava, in alto la terra aspettava acqua di neve per consumare il brindisi col letame disciolto.

Ma non era finita. Finché durava quel mese, il movimento principale girava attorno alla concimazione dei terreni. Chi aveva urgenza e meno materia prima, chi teneva una sola vacca chiedeva prestito all'amico che di vacche ne possedeva cinque. Altri ne avevano dieci-dodici, qualcuno quindici. «Mi presti venti gerle per l'orto?», «Anche trenta. Prendi su, non c'è problema.»

Correvano i giorni dell'inverno, quando ci si prestava una gerla di sterco con la promessa di renderla un anno dopo. Merda a prestito, materia preziosa, garanzia di rigoglio, orgoglio, roba buona all'orizzonte.

Gennaio è ancora mese capace di maltempo. Almeno, allora era così. Oggi va un po' a casaccio: annate dure, nevicose, gelide, altre miti, con poco bianco e scarso freddo. Ma non c'è da fidarsi. Il clima di gennaio è traditore. Nella notte il cielo può cambiare e puoi trovarti al mattino con mezzo metro di neve fresca.

I montanari lo sapevano, per loro non esistevano emergenze, tutto stava nell'essere sempre pronti. Anzi, dopo aver sparpagliato il letame, ci speravano pure in qualche nevicata improvvisa. Il peso lo avrebbe schiacciato, farcito, fatto penetrare più in basso. Assistito dalla forza e dalla fede degli uomini, il concime di gennaio faceva miracoli.

Gli inverni non mettevano paura, i montanari erano innestati nelle stagioni come i rami degli alberi al tronco. Nevicava! Altroché se nevicava! Si rimaneva a volte isolati per giorni. In epoche più remote quelle genti silenziose passavano mesi di isolamento. Unico problema era qualche parto difficile, dove la donna poteva lasciarci la pelle. Eppure non temevano nulla. Si formavano squadre di badilanti, che pulivano le vie del paese e gli accessi alle frazioni lontane. Prada, Pineda, Savèda, Liròn, Marzana erano le più isolate, San Martino meno. Oggi, quando viene giù un po' di fiocchi, chiamano i pompieri per togliere l'auto dal cortile. Molti si sono attrezzati con motofresatrici e microspazzaneve. Va bene così, è la soluzione dei problemi, l'offerta del progresso, la stanchezza delle comodità.

I paesani avevano scorte abbondanti di farina, formaggio, salami, lardo, patate, fagioli, carni affumicate, la vacca nella stalla, galline e tacchini, chiamati *dìndi*. Sapevano cacciare, pescare le trote del Vajont, del Mesazzo e del Vaìl. La natura invernale li cullava come una mamma.

A quei tempi si pregava molto. Pur di avere patate ci si inginocchiava spesso. Anche per altri prodotti. Ovunque e per tutto si domandava aiuto a Dio. La Madonna era tenuta fuori da pratiche agricole, lei era più di tutto invocata per la salute. I santi invece li si pregava per scongiurare disgrazie. C'è ancora un detto che recita: *"Santa Ana, santa Ana, tegn la pìoa in te la scrana, san Simon, san Simon, i starlùp in tal thestòn"*. Che tradotto vuol dire: "Santa Anna, santa Anna, tieni la pioggia nella tana, san Simone, san Simone, tieni i fulmini nel cestone". Poi veniva quel che veniva, ma è pur vero che chi otteneva scarso raccolto era giudicato male, un blasfemo che non pregava Iddio.

E così, badilata dopo badilata, si svuotavano le *pothe*[4] di gennaio, terminando le fatiche solo quando non c'era più luce. Nel frattempo in casa le stufe consumavano ceppi di carpino e tronchi di faggio. La neve di gennaio assorbiva il letame come il tempo assorbe i ricordi. Le donne e gli uomini alla sera si riunivano attorno al fuoco a raccontare storie e tirare i resoconti di giornata.

[4] Letamaie.

Era il tempo dell'inverno, nelle case entrava la pace, i corpi si rilassavano, nel paiolo gorgogliava qualche litro di vino zuccherato, i ceppi sfrigolavano con imperiose esplosioni di faville. Pareva s'arrabbiassero di colpo, inveissero contro qualcuno o qualcosa. Emettendo soffi strozzati sputavano scintille dappertutto. Poi, di colpo rabboniti dal mago del freddo, si chetavano estenuati, concedendosi di nuovo al borbottio delle fiamme come se nulla fosse accaduto.

Questo l'inverno dei miei anni di bambino. Un tempo favoloso, dove la vita era magia, mistero, scoperta, entusiasmo, sorpresa. Invecchiando, ahimè, tutto è diventato già visto, logoro, usato, poco emozionante. Allora viene a soccorso il salvagente della memoria. Un'energia malinconica che rispolvera e rinverdisce i ricordi, rendendoli vivi e attuali, permeati di nostalgia. Ci si rende conto che non torneranno più gli anni favolosi, i mesi del lunario sentimentale, quando a gennaio il letame violentava oltraggioso il candore della neve, e la gente sperava in un futuro migliore. Può darsi che il futuro sia diventato migliore; a me non pare, ma potrebbe essere.

Purtroppo quella gente piena di speranze non esiste più. Gli "speranti" sono scomparsi, dispersi, finiti. Oggi il mondo si muove in folle di disperati, gente che non ha conosciuto il piacere del canto, dei racconti nelle sere d'inverno, della quiete dopo una giornata faticosa.

Nessuno oggi pensa che quel mondo potesse durare a lungo. Troppo semplice, ingenuo, pulito. Il progresso avanzava, la tecnologia pure, la fretta idem.

Si iniziò a trasportare il letame con minuscoli trattori detti motocarriole. Ma il colpo mortale al lunario sentimentale lo inferse il monte Toc, quando la notte del 9 ottobre 1963, per sete di gloria e denaro di alcuni uomini, la terra precipitò nel lago del Vajont. Duemila morti e la fine del mondo antico.

Dopo quella data nefasta, niente più campi da coltivare, bestie da allevare, fuochi davanti ai quali sciogliere le fatiche quotidiane. Le autorità ordinarono di sopprimere gli animali che tenevano in vita le famiglie. Cominciarono dalle galline. E via capre, maiali, tacchini, pecore e cani. Per ultime le vacche. Da quel giorno non si vide più il letame sulla neve. Nemmeno slitte cassonate, concimaie, portatrici con le gerle sgocciolanti. Tutto sparì nel vortice del caos, e non è più tornato.

E anche se il futuro dovesse affacciarsi nelle sembianze di nuove agricolture, i mezzi odierni sostituirebbero alla grande i poveri strumenti di allora. È destino delle esistenze scomparire perché vogliono resistere alla sorte ineluttabile. Prima o dopo verranno spazzate via dagli uomini e dal passo veloce del tempo che il poeta Andrea Zanzotto definì "progresso scorsoio". Nessuna nostalgia, solamente la dolcezza dei ricordi.

Febbraio

mese delle maschere

Quando veniva tempo di Carnevale, in paese si notava un fermento silenzioso ma palese degli artigiani del legno. Scelte accurate di ceppi appositi, stagionati in cataste esposte dalla parte dove tramonta il sole, suggerivano lavoro di scultura. Non il solito intaglio di ciotole, cucchiai, mestoli, forchette eccetera. Si trattava della creazione di volti paurosi, orripilanti, tragici o comici che dovevano cambiare la faccia ai paesani. Erano le maschere del Carnevale, tradizione ormai scomparsa, uccisa dalla modernità della vita, che impone fretta per le cose utili e punta a seppellire quelle che non rendono al portafoglio.

Gli artigiani sceglievano i pezzi speciali, i migliori, esposti per un anno col muso a occidente, perché quello dell'ovest è un sole di misura, non crea traumi: quando ha fatto il suo lavoro, scompare. Alcuni avevano già forme mostruose, bastava soltanto accentuarle per abbruttirli di più.

A quei tempi, tutti, anche le donne, sapevano cavarsela nell'intaglio. Alcuni scultori leggermente più bravi si servivano delle maschere per vendicarsi di qualcuno, riproducendo la sua faccia, così che sorgevano dissidi, dispute, diatribe che terminavano a chiusura Carnevale. Nessuno si inventava querele per chiedere danni morali. Semmai affrontavano la questione in osteria, a insulti e minacce che finivano con offerta di bevute a mo' di scuse richiedenti perdono.

Un giorno, all'osteria Pilin si scommetteva su chi avrebbe intagliato la maschera più brutta. Seduto in un angolo stava Ciossàn, uomo di garantita bruttezza ma simpatico. Uno saltò fuori: «Basta farne una che somigli a lui» disse segnando l'uomo seduto «e si vince di sicuro». Senza scomporsi Ciossàn li guardò serio e disse: «*Iù sui un bel brut*».[5] Poi, siccome era eccellente scultore, continuò: «E, visto che avete lanciato l'idea, ve la rubo, mi scolpisco la faccia e vinco». Così avvenne. Intagliò l'autoritratto arrivando primo.

Ho un ricordo d'infanzia carnevalesca che ancora mi spaventa, se lo penso con la mente di allora. Una vecchia, accessoriata di maschera orrenda, stava portando un uomo nella gerla, anch'egli orripilante a vedersi. Quest'uomo la picchiava sulla testa a bastonate. Lei non lamentava un grido. Mi spaventai a morte e implorai mia nonna di portarmi via. Solo molto tempo dopo venni a scoprire il trucco. La vecchia era finta, un fantoccio attaccato alla gerla, la quale aveva il fondo se-

[5] Io sono un bel brutto.

gato. L'uomo la indossava come una gonna, ma erano i suoi piedi a camminare sulla strada. Il tutto era rivestito e protetto da stracci. La scoperta fu consolante, ma non riuscì a farmi passare la paura di quella scena. Ancor'oggi mi porto dentro l'inquietante visione della vecchia che portava un uomo nel *thestòn* ricevendo bastonate sulla testa.

Molti anni dopo, mi balenò l'idea di ripetere il mascheramento di Tanin, come usava chiamare quel trucco. Preparai il materiale, sfondai una vecchia gerla, ma quando fu ora di mettere in pratica la faccenda, rinunciai. Mi vidi al posto dei due che mi avevano terrorizzato, in quel teatro sepolto nel tempo ma sempre vivo nella mia testa. Ebbi paura di assomigliare a loro e spaventare qualche bambino. Quelli che seguivano la carnevalata erano parecchi, accompagnati da genitori e nonni. Così lasciai perdere. Ma il vero motivo non furono i bimbi, bensì la paura di ricreare quella scena ormai lontana che mi aveva spaventato come un film dell'orrore.

La credenza popolare diceva che certe maschere dall'aspetto funebre, occhi torvi, inquietanti e cattivi, portassero male. Dovevano perciò essere distrutte il più presto possibile, per allontanare quel male che tenevano in serbo per distribuirlo. Ma qual era, o erano, le maschere incriminate? Questo lo decideva l'anziano del paese, che poteva anche essere donna. Puntando l'indice legnoso diceva: «Quella è pericolosa, bisogna farla fuori». I volti di legno stavano in fila lungo la via centrale, appoggiati alla neve di febbraio. Il severo giudice non applicava legge d'uomini ma superstizioni istintive. Secondo il suo "sentire" quella faccia di acero recava in sé il male. E pure quella di larice o di carpino. Individuate le portadisgrazie, venivano rinchiuse in una zangola da burro fino al giorno dell'esecuzione.

La notte di san Giovanni, si accendeva un falò sul sagrato della chiesa e le maschere incriminate finivano cenere. Di individuare la malvagia se ne occupava il vecchio del paese, mentre a giudicare la più bella (che significava la brutta su tutte) vi era una speciale giuria formata da undici donne sopra i cinquanta. Cambiavano ogni anno, evitando così preferenze e simpatie che potevano affacciarsi e consolidarsi nel tempo.

La tradizione di intagliare maschere nel mese di febbraio si tramandava di nonno in nipote, di padre in figlio. Oggi, solo in qualche paese delle Alpi, come ad esempio Sappada, si è salvata grazie alla testarda passione di alcuni vecchi, che l'hanno trasmessa a un manipolo di giovani animati dallo stesso spirito. Pure a Fornesighe di Zoldo Alto resiste la tradizione delle maschere. Ogni anno per l'occasione si tiene una mostra che premia i lavori migliori, dal più brutto al più comico, dal grezzo al raffinato. Si cerca in questo modo di tenere viva la memoria del tempo in cui tutto era magia e mistero, e le vite stavano sospese al filo inquietante di antiche tradizioni.

In Sardegna perdurano da secoli balli mascherati da volti scolpiti in legno. Ogni epoca contiene il suo passato remoto, che si cerca di conservare imitandolo al presente. Ma pian piano tutto finirà. Questo vale anche per le maschere tolte ai tronchi. Mi vien da dire che li ricordo senza alcuna nostalgia. Favolosi quegli anni semplici e laboriosi, accompagnati dal silenzioso entusiasmo del resistere e operare, per affidarsi ogni tanto a feste e canti, come per ricordarci che dopo le fatiche c'è diritto di allegria.

Chi è giovane oggi, tra sessant'anni penserà le stesse cose. Pronuncerà frasi tipo: «A quei tempi si stava bene, non esistevano le comodità attuali, avevamo gli smartphone, e tante robe utili, ma non come ora che c'è di tutto».

Sono nato nel '50. Da bambino ho avuto la fortuna di scolpire volti di Carnevale. L'uso delle sgorbie fu insegnamento del nonno paterno, cui va nel ricordo un grazie di riconoscenza. A fare maschere ci provavo, ma non venivano cattive. Avevo paura di loro ogni qualvolta un occhio torvo e un naso adunco mi fissavano. Allora li modificavo in buoni. Smisi presto di scolpire bruttezze. Mi comunicavano l'idea di falso, bugiardo, cattivo e traditore. In seguito scoprii che le facce di legno erano uomini, non mostri, per questo i montanari le scolpivano. Per riprodurre se stessi nei lati nascosti. Ciò che non osavano dire a parole lo manifestavano in scultura.

Febbraio era il mese della paura, del mistero, dei sentimenti pericolosi che albergavano negli esseri umani. Ovviamente si faceva anche altro, oltre che intagliare facce orrende. Le donne selezionavano sementi per i campi. Dalle *caneve*[6] si toglievano le patate che, nel buio dell'inverno, avevano messo i *dhèrmoi*, lunghi fili bianchi che uscivano dai corpi ancora sodi, come ser-

[6] Vani ricavati nei sottoscala.

pentelli. Le si ripuliva e le si disponeva ordinate in cassette di legno in previsione della semina. Era il futuro a portata di mano: preparare subito le cose da fare in primavera, in modo da essere pronti.

Febbraio, come tutti i mesi invernali, diventava tempo di quiete, non c'era il furore produttivo dell'estate, dove tutto brulicava e i montanari si muovevano veloci. Anche portare a gennaio il letame sulla neve era lavoro di lentezza.

Fioravante da Pècol non sopportava le maschere di legno. Era convinto chiamassero il male con nome e cognome, e che questo arrivasse. Pur essendo il più anziano del villaggio, non accettò mai di fare il giudice dei volti scolpiti. Ma quando veniva ora di bruciarli nel falò di san Giovanni, era il primo a occuparsene.

Una vecchia, durante il rogo, ne rubò una senza farsi scoprire. Era una maschera orrenda con impiantati denti veri raccolti dalla terra dei morti. Un uomo taciturno, che fungeva da becchino, quando cavava i vecchi defunti per far posto ai nuovi, sottraeva qualche dente mettendolo in tasca. Era stato lui a scolpire il mascherone coi denti dei morti. Durò poco. La notte dell'ultimo giorno di Carnevale, mentre tutti omaggiavano l'evento, fu sbranato da un branco di cani venuti da chissà dove. E, com'erano apparsi, si dileguarono nella notte. Raccontano che si siano udite voci umane, mentre veniva dilaniato. Erano i padroni dei denti.

La sua maschera vinse il premio, ma lui non lo seppe mai.

La vecchia che rubò la maschera dai denti umani usò

il feticcio per far danno agli altri. Ogni tanto qualcuno veniva morso da misteriosi cani che poi sparivano. Il disgraziato non guariva più. La ferita putrescente lasciava un odore di morto seguitando a secernere pus. I più fortunati vennero amputati dell'arto. Altri creparono in compagnia di dolori atroci. Cinque i colpiti: due mutilati, tre morti. Tutti maschi.

Fu Fioravante da Pècol a scoprire per caso colei che teneva la maschera mortale. La usava per colpire i maschi. Passò di notte vicino alla casa della fattucchiera, un tugurio fatiscente che emanava mistero e paura. Nell'orto accanto ardeva un fuoco. C'era un tavolo con sopra una roncola, la maschera incriminata e la vecchia in piedi che sibilava profezie. Augurava dolore e morte a un uomo del quale pronunciava il nome soffiandolo sulla bocca del mascherone. Attorno al tavolo giravano cinque cani scuri, ringhiosi, con bave colanti. La donna li chiamava con nomi irripetibili, sconci e mostruosi come lei. Appena videro l'uomo, gli animali si dileguarono nel buio.

Fioravante affrontò la strega, che afferrò la roncola dal tavolo per colpirlo. Fiore fu più svelto e la stese con un pugno. Prese la maschera e la gettò fra le fiamme. Si udirono di colpo i cani latrare di rabbia, e non smisero fino all'alba. La donna si rialzò e sparì nella notte come un soffio di vento. In paese non tornò mai, e nessun uomo venne più masticato dai cani. Narra la leggenda, la leggenda di febbraio, che fu vista più volte, sfuggente come un'ombra, nei luoghi in cui sopravviveva ancora la tradizione delle maschere di legno. Fu notata a Fornesighe, nello Zoldano, e poi a Sappada, in Sardegna e in alcuni villaggi remoti delle Alpi. Chiedeva di poter avere un volto di pino cembro corredato da denti umani. Nessuno esaudiva quel desiderio, anzi, alla strampalata richiesta la cacciavano in malo modo. Non si è mai saputo dove sia finita, ma è certo che non si sente la mancanza.

Qualche anno fa, forse una decina, per compiacere un amico, mi trovai membro della giuria che doveva scegliere le maschere migliori alla mostra di Fornesighe. L'amico, Aldo Mosena, cui va un grazie per la fiducia, mi fece vedere i lavori in anteprima. Era verso metà febbraio e il freddo faceva ballare le mandibole pure ai mascheroni di legno. Iniziai con calma la perlustrazione. Di fronte a un volto ghignante e mostruoso e cornuto, rimasi allibito. Aldo mi spiegò che l'autore era un giovane odontotecnico, ricco di fantasia creativa e, aggiungo, coraggio da far pensare. I denti della maschera, infatti, erano veri, prodotti e raccolti da numerose estrazioni a svariati clienti.

Confesso che fui colto da brividi e un senso di voltastomaco non mi lasciava pace. Mi tornarono in mente le inquietanti storie del paese: la maschera coi denti dei morti, la strega e la sua roncola, e gli uomini dilaniati da cani feroci. Così mi venne pure in mente Fioravante da Pècol. Allora, per onorare la saggezza di quell'uomo, decisi di imitarlo. Sotto la sala esposizioni ardeva un falò nel caminetto, pronto per la braciolata post-premiazione. Aspettai che l'amico se ne andasse a organizzare l'evento. Presi il diavolo per un corno, lo infilai nello zaino che porto sempre con me e scesi di sotto. Per le scale incontrai i primi visitatori che salivano a curiosare. "Appena in tempo" pensai. Laggiù, senza farmi notare, buttai una bracciata di legna sul fuoco assieme alla maschera. Copersi il tutto con altra legna, mi versai un bicchiere di vino e, seduto accanto alle fiamme, aspettai la combustione del mostro. Forse memore delle storie raccapricciantiudite da bambino mi aspettavo che dalle fiamme uscissero urla o altro, invece niente. Il mascherone dai denti umani bruciò senza fiatare. Se ci fu qualche rumore altro non era che il mitragliamento dei rami di larice addentati dal fuoco.

Lungo i giorni della manifestazione si accusò qualche farabutto di aver rubato la maschera. L'odontotecnico reclamava danni in forma di moneta. Se ne andò promettendo che non sarebbe finita così.

Febbraio dei tempi lontani, delle maschere che non esistono più. Esiste ancora quel mese ma tutto è cambiato. Le tradizioni scomparse, i lavori manuali sostituiti da macchine: la fretta fa da regina, il presente laborioso pensando al domani non serve a nessuno. Si opera tutto e subito.

Doveva finire così. Era nell'aria, e pare non vi siano, in merito, nostalgie di sorta. Si vive bene oggi, per certi versi molto meglio di allora. Le maschere, non fatte a mano, inesistenti in forma di materia, si indossano più di prima, tutti i giorni, a ogni ora, e non soltanto a Carnevale. Ognuno si nasconde agli altri, indossa il camuffamento giornaliero, scolpisce la sua maschera di finzione. La sgorbia dell'ipocrisia ne scava il volto, la cera della falsità la fa brillare.

Febbraio non è più il mese delle preparazioni, quello in cui si sbircia marzo dietro l'angolo, in cui si prova sollievo per l'inverno quasi finito. Allora c'erano le vanghe da affilare assieme a falci, asce, segoni, zappini per tirare i tronchi. A questi bisognava fare la punta. Doveva essere a becco d'aquila, ma non troppo curva. E però nemmeno troppo dritta, altrimenti l'attrezzo si sfilava dal legno, mandando il trainante a capitomboli. Se invece era troppo storta, lo zappino si conficcava e non si sfilava, creando nel boscaiolo nervosismo e fatica inutile. La punta doveva essere quella giusta, e stop. Uno dei fabbri leggendari per questa bisogna era un uomo minuto e taciturno detto Mano del Conte. A febbraio, tutti da lui a controllar le punte degli zappini.

Ma l'inverno a febbraio non di rado circolava ancora e spesso tornava a visitare i paesi con abbondanti nevicate. Per questo ci si muoveva cauti, attenti a fare i passi giusti. C'era rischio di perdere qualche semina, ad esempio l'aglio messo in terra a novembre, oltre ad aver buttato via tempo.

La neve fresca accovacciava i virgulti del Valdenère, nelle anse del Govoi li seppelliva, sul greto del Vaìl e Mesàz il vento li allenava alla torsione. Era buon segno per i costruttori di ceste, che a maggio operavano scelte accurate. Per conoscere i più disposti a farsi piegare, si tenevano d'occhio gli elementi della natura, soprattutto i fenomeni climatici di febbraio. Potevano calare venti che irrigidivano tutto. Quelle arie maledette decidevano i destini di portafrutta, gerle, ceste e lampadari.

La stessa sorte valeva per alberi, erbe, piante da lavoro e da frutta. E pure animali e uomini. Qualcosa arriva a bloccarci, raggelarci, impedendoci di essere duttili, malleabili, pieghevoli. Così come può avvenire il fenomeno contrario: quel che il destino ci rovescia addosso farà di noi gente che capisce e si rassegna. Diventeremo miti e arrendevoli, buoni da essere usati all'utile se il vento è a favore. Rigidi come lastre di vetro, incapaci di piegarci senza andare in frantumi se l'aria tira contro.

Per i giunchi arrivava febbraio che decideva, tutto e non sempre a fin di bene. Spesso indossava la maschera di mese generoso, ma sotto sotto celava il caratteraccio.

Una volta lo scalpellino Jaco dal Cuch fece una scommessa con l'amico di baldorie Zoliàn Giambìa. Affermò che poteva scolpirgli un mascherone di fattezza mostruosa. Talmente orrendo che non sarebbe riuscito a indossarlo nemmeno per un minuto. In palio, una damigiana di raboso. Incuriosito Giambìa accettò.

Occorre sapere che il Cuch era un artigiano eccezionale. In paese si trovano ancora lavori di sua mano, non di rado misteriosi e inquietanti. Allora quel febbraio l'artigiano scolpì la maschera. Era davvero orripilante e, purtroppo per Giambìa, di marmo. Pietra rossa dei bus di Bacòn. Avrà pesato quindici chili.

Venne il giorno ultimo di Carnevale e con esso la prova di indossare il manufatto. Jaco, che era cinico, a maggior presa in giro aveva praticato due forellini ai lati e infilato uno spago per reggere la maschera.

Giambìa guardò il lavoro in silenzio. Cuch disse: «Ecco qua, Zoliàn, tienila sulla faccia cinque minuti soltanto e la damigiana è tua».

Giambìa, che aveva visto il lato oscuro della vita e la sapeva lunga, disse: «*Parècia 'l vin*».[7]

Si stese lungo sulla neve battuta dai passi, prese il mascherone e, con una certa fatica, se lo piazzò sul muso. Parlando come se la voce provenisse dall'interno di una spelonca disse: «*Dessèdeme dacà 'n tochèt e va in parèch 'l vin*».[8]

Così il montanaro fregò l'amico che, senza specificare come, lo aveva sfidato a tenere il mascherone sulla faccia almeno un minuto.

"*Febrarù curt e brut, pédho de dut*"[9] dicevano da queste parti. Ora non più. Oggi le stagioni sono confuse, capitano certi febbrai dove sotto i noccioli spuntano le viole. Mascheroni non ce n'è, mancano gli intagliatori, e peggio ancora sono scomparse le antiche cose. Dopo la tragedia del Vajont è sparito tutto. Usi, costumi, tradizioni, la cultura di un popolo millenario spazzati via in pochi secondi. Assieme al virtuosismo delle mani degli artigiani, anche la voce di quel torrente che faceva muovere mulini, segherie, torni da legno e battiferri.

I mesi hanno conservato soltanto nome e cognome, ma per il resto uno vale l'altro. Solo per ridare vita al compito della memoria defunta nasce questo lunario sentimentale. È l'omaggio ai mesi perduti, il resto è roba morta, dispersa, inutile, come la nostalgia. La pendola

[7] Prepara il vino.
[8] Svegliami tra un po', nel frattempo prepara il vino.
[9] Febbraruccio corto e brutto, peggio di tutto.

del tempo, battendo il suo *din don* ha ficcato nell'oblio l'antica vita, povera, umile, semplice e creativa. Ad accelerare la fine ci si misero certi uomini, avidi di soldi, potere, gloria e notorietà.

Marzo

mese degli sterpi

Giungeva marzo con le speranze di sempre e il pastrano pieno di vento. C'era un modo verbale per riceverlo: *"Mèrth le sut, avrìl bagnè, nol piùra chel che ha semenè"*.[10] Ma prima di seminare occorreva guardare in alto se il cielo era benevolo. Poteva ancora buttare neve. Quel mese che pronunciava sommessamente il nome della primavera spesso nel suo tornare riservava cattive sorprese. Si ricorda ancora un fine marzo di quaranta anni fa, quando, in un giorno e una notte, cadde un metro e venti di neve. Tutto si dovette ripensare, ridisegnare, ricostruire. Crollò qualche pollaio, incautamente privato dei sostegni, nella certezza che il pericolo fosse passato.

I mesi, tutti, possono impazzire e fare brutti scherzi così come le stagioni e gli esseri umani. Comunque, quando tutto andava bene, a marzo c'era da fare lavori

[10] Marzo asciutto, aprile bagnato, non tribola colui che ha seminato.

preparatori in attesa di partire con la lenta frenesia della stagione produttiva. Prima di tutto occorreva pulire sterpi e rami che vento e neve avevano strappato dagli alberi, depositandoli ovunque. Sui campi, negli orti, sui prati da falciare, nei cortili fuori mano e sul cuore delle persone, l'inverno accumulava pensieri, preoccupazioni e intralci. La sterpaglia, ostile e pungente, veniva ordinata ai bordi delle radure sopra l'ultima neve e ivi incendiata.

A quei tempi ancora non si usavano guanti, le mani dei contadini, gente di scarse prudenze, venivano inesorabilmente scorticate. Il grande scultore friulano Ado Furlan le ritraeva di continuo, e in molte pose, titolando le opere finite "mani di sterpicatore". Del resto anche le sue non erano da meno.

Dai e dai, con fatiche manuali, giornaliere e spesso anche notturne, quelle mani da sterpaglia mettevano protezioni: callo e pelle indurita su tutto il palmo. Rivedo il nonno paterno strappare ortiche senza il minimo segno di dolore o fastidio, come maneggiasse piume d'oca. Quelle ortiche micidiali, piccole, color ruggine che crescevano in quota, davanti alle baite, davano scosse elettriche, quasi bruciature. Il dolore rimaneva per giorni sotto pelle, che quando la sfioravi ti pungevano aghi.

Alcuni montanari più avveduti e pazienti non bruciavano le sterpaglie. Le tagliavano corte, con roncola e *manùral*,[11] raccogliendole in matasse strette da spago o fildiferro. Sarebbero servite ad avviare il fuoco, sem-

[11] Piccola accetta dal corto manico.

pre acceso tutto l'anno, perché oltre a scaldare serviva per cuocere. I meno pazienti, invece, per tale bisogna raccoglievano in autunno le frasche dei pini sramati, che s'accendono solo a guardarle.

Le sterpaglie di marzo avevano altri compiti. Ad esempio fungevano da recinto a chiocce e pulcini, che non s'allontanassero dai cortili. Le poiane di primavera tenevano fame, preparavano i nidi per accogliere la prole. Allora, una solida barriera a tre cerchi di rovi spinosi e sterpi ostili e il carcere all'aria aperta era pronto. Anche per animali piccoli, che dovevano crescere, valeva quel tipo di prigione. A fine pericolo la detenzione terminava e i cerchi spinati andavano al fuoco. Intanto, quando la stagione veniva buona, erano serviti a qualcosa.

Oggi, per circoscrivere eventuali fughe o sconfinamenti di animali, si tende un perimetro di filo sottile, lo si collega all'apposita batteria e *paff*, a ogni tocco parte la scarica dissuasiva.

Appena il sole di marzo iniziava a scaldare le ossa, capitava il lavoro più ostico: disfarsi della neve che ancora pesava su orti e campi. Spesso, per agevolare lo scioglimento, veniva frantumata con pale e picconi. Una volta rotte integrità e compattezza del manto, bastava il timido raggio del cielo per ridurre la neve in acqua. Poi toccava porre mano alla *thevìara* e faticare non poco. In questo caso era una cassetta di legno con stanghe corte davanti e dietro tenuta da due uomini. Lunga un metro, larga ottanta centimetri e alta due spanne, serviva a riportare a monte la terra dei ripidi campi, scivolata in basso con le brentane d'autunno. Una volta terminato il lavoro, si passava alla vangatura dell'intero campo, che diventava alto e gonfio come un cuscino per accogliere più avanti fagioli, cipolle, verze, cavoli, patate eccetera.

Un marzo di tanti anni fa, il contadino Florio vangava il suo campo ripido come la sua vita. Fu uomo taciturno e mite, sempre raccolto in riflessioni misteriose. Sopra di lui, appoggiato alla staccionata del muro, un fannullone, sigaretta in bocca e cappello calcato, osservava. A un certo punto, dopo aver lanciato la cicca nel campo, rivolto al contadino disse: «Va' più a fondo con quella vanga, Florio, calchi poco, mi sembra». Il contadino si fermò. Risalì il bordo del coltivo, raccolse la cicca e se la ficcò in tasca. Aggirò il muro di pietra grigia, s'avvicinò al nullafacente e fissandolo in faccia gli porse la vanga sussurrando: «Fai tu». Se ne andò lasciando lo stupefatto critico col badile in mano. Tornò dopo un paio d'ore, trovando la vanga appoggiata alla staccionata e l'aria di marzo che rideva allegra.

Chi scrive è cresciuto con quegli insegnamenti: poche chiacchiere, fatti concreti, fulminei e responsabili.

Al mese di marzo veniva dato l'incarico di svegliare la vita tramite sussurri, mai di soprassalto. L'inverno stazionava da quelle parti, bisognava andar piano. Guai strattonare i dormienti, tirarli per la giacca, gridare loro: «Sveglia, giù dalle brande!». Il ritmo vitale di allora cercava di evitare traumi alla gente, alla natura, al cielo. Ogni cosa a suo tempo, un tempo per ogni cosa. Niente forzature o fretta, anche se qualche ritardata-

rio appariva ogni tanto a scombinare i piani. A quello si dava una mano per rientrare, con il tacito avviso di non perseverare nella pigrizia.

Appena le piante resinose sentivano il cambiamento annusando ritorno di primavera, alcune venivano oltraggiate con un foro di trivella. Alla base di larici secolari, pecci, abeti bianchi e pini scuri, veniva praticato un buco del diametro di due centimetri, profondo una quarantina. Sotto si poneva un recipiente che attendesse il regalo. Dopo qualche giorno iniziava a colare la resina. Lentamente, quasi impercettibile, un flusso oleoso avanzava verso la ciotola. Per costringerlo a saltare dentro, un beccuccio di acero infilato sotto il foro lo conduceva per mano all'imbocco del recipiente.

Le resine avevano ognuna il proprio compito, a seconda da che albero uscivano. Quella di larice, mediante applicazione a freddo, guariva – o quantomeno si credeva – botte, contusioni, distorsioni e traumi da colpi senza fuoriuscita di sangue. Il dono del peccio, invece, aiutava a togliere le *rìasce*, schegge maligne dette anche *spinch*, che si piantavano fonde nella carne lavorando il legno. Il segreto era semplice: applicata bollente dentro una garza, la resina dopo un giorno creava bolle di pus che, una volta premute con le dita, sputavano la *rìascia* come un proiettile.

A marzo risuonava il canto del disgelo. Era intonato dalle grondaie, che quando scioglievano i ghiaccioli cominciavano a parlare. Con il sole che intiepidiva la terra, neve improvvisa permettendo, i bambini mettevano fuori il naso a giocare. Saltavano dappertutto, anche dove non potevano, dove c'erano valori da proteggere, delicatezze da rispettare. Ad esempio i rosai ancora scheletriti ma pronti a farsi belli. O le culle delle lumache, allevate con pazienza e ancora dormienti nella terra. Finivano poi nei ristoranti del longaronese, dell'Alpago, del Cadore. Visto che ragazzini discoli e coraggiosi non stavano alle regole, i vecchi accumulavano sterpi acuminati sui valori da preservare. Chi trasgrediva anche solo per imprudenza, riceveva tatuaggi di graffi e spellature. "Chi sbaglia paga" era la regola.

Quando la "pioggerellina di marzo picchiava argentina sui tegoli vecchi del tetto", per citare una remota poesia, veniva ora di andare a rane, da mangiare fritte. Lampade a carburo in pressione giusta e via nelle notti umide di marzo a battere le pozze del Vajont, Bindi, Vaìl e Mesazzo. Vigeva a quei tempi la regola di non catturarne una più del necessario. Quella serviva ad altri. Per mangiare.

Su questa legge non scritta, il nonno era inflessibile. Bastonava le mani ai nipoti ingordi. «Siamo in sei, ci bastano cento rane.» Le contavamo per non sbagliare. Sotto la sua vigile sorveglianza, una dopo l'altra passavano, nella conta, da un sacco all'altro. Quelle in più si liberavano. Se il vecchio si accorgeva che uno faceva il furbo ripigliandone qualcuna – e succedeva –, erano guai. Senza parlare calava il bastone sulle dita dell'incauto.

Tempi di ristrettezze, a volte miseria. Tutto era commestibile, ogni mese forniva qualcosa di buono, soprattutto di essenziale.

Marzo era tempo di speranza, del freddo quasi finito, del profumo di primavera imminente. Preludio delle fatiche in arrivo. Era anche tempo di partenze per chi andava a lavorare fuori e tornava a settembre, come i gelatai, o le donne che, munite di carretti dalle ruote cerchiate di ferro, vendevano oggetti di legno scolpiti in inverno dai vecchi artigiani.

Soffiava sempre il vento, in quel periodo. E iniziavano le piogge improvvise. Venivano spinte giù dalle montagne piene di neve, non le volevano attorno.

Nelle notti agitate di quei monti solitari, tendendo un poco l'orecchio si potevano udire i lamenti dei mulini sferzati dal vento e dai temporali. Verso sera i mugnai bloccavano le ruote, ma gli elementi scatenati premevano con forza. Gli ingranaggi gemevano. Qualche cane uggiolava di tristezza, una pecora belava nella stalla. Quando tutto si chetava e il mattino portava un po' di sole, i lamenti cessavano creando l'illusione di averli soltanto sognati.

Sognare era esercizio diuturno, speranza che i mesi a venire, le future stagioni, il nuovo anno portassero qualcosa di insolito. Sorprese che cambiassero un tantino il ripetersi delle cose che, seppur impegnative e faticose, volevano essere sempre già state. Inesorabilmente, sempre quelle. Era difficile che i contadini facessero calli nuovi nell'eterno coltivare la montagna ripida per costringerla a sputare qualcosa di buono.

Marzo diventava il mese delle attese, delle speranze in novità che mutassero finalmente il tran-tran dei secoli. Ma non succedeva mai niente che venisse a sconvolgere in senso buono il corso di quelle esistenze tribolate. Le disgrazie invece erano puntuali, calando improvvise dalle tenebre di qualche cielo ostile, ed erano sempre assolute novità. A ogni modo si tirava avanti, sostenuti dalle necessità e da una fede che non aveva uguali. Religiosa o laica che fosse, metteva in primo piano il rispetto per gli altri e la natura.

Una volta, si andò a rane io, mio cugino Bepo Grànt e Nani Pez Pìciol. Decidemmo di giocare uno scherzaccio a Celio, eccelso filosofo a sua insaputa, nonché uomo d'intelligenza fulminea, gran bevitore e ghiotto di rane. Era un marzo tiepido e gentile e la pioggia approfittava di quella gentilezza. Cadeva quasi ogni sera, delicata ma insistente, perciò, dopo i giri d'osteria, non restava che andare a rane o a dormire. Lo scherzo consisteva nel portare all'amico una borsa di rospi. E così fu.

Li catturammo col retino, perché si difendono emettendo un acido fastidioso alla pelle. Erano una trentina. Glieli recapitammo al mattino, dentro un piccolo sacco di iuta. Celio posò il sacchetto dentro un mastello di doghe. Ringraziandoci entusiasta, tirò fuori un fiasco di vino, quattro bicchieri e versò.

«*Cè vin è ilo?*»[12] domandò Bepo.

«*Non sè, sè gnon che l'è vin.*»[13]

Finimmo il fiasco veloci, temendo che liberasse le "rane" dal sacco dandole al mastello. Ce la filammo alla chetichella con l'amico che ringraziava commosso.

[12] Che vino è?

[13] Non lo so, so che è vino.

Il giorno dopo Nani e Bepo andarono a governare le vacche. Ne avevano dodici, gestite in società, più i vitelli. Le liberarono per mandarle a bere nel *laìp*, grosso truogolo di larice esterno alla stalla. Appena misero dentro il muso schizzarono via spaventate. La vasca pullulava di rospi. Alcuni stavano sul bordo, belli gonfi e assonnati, altri sgambettavano nell'acqua facendo avanti e indietro. Invano i due soci premevano le mucche verso il *laìp*: saltavano di scarto a uso cavalli, non volevano saperne di bagnarsi il muso.

Di lì a poco, dall'angolo di un muro apparve Celio, cicca in bocca e sguardo allegro. «*Ce sothìadelo, canajis?*»[14] disse.

I due non risposero, assai impegnati a raccogliere la mandria, troppo seccati per lo scherzo di ritorno.

Celio guardò nel truogolo esclamando: «*Ostia, al va saltè dèintre i rosp par lavesse*».[15]

«Salta dentro anche tu» bofonchiò Bepo, «lavati una buona volta.»

«*Co i rosp i se nèta al vègn le fin dal mont*»[16] sorrise Celio allontanandosi.

A marzo era atteso un giorno particolare, il 3. Con qualsiasi tempo, gli artigiani andavano nei boschi a tagliare i legni che servivano a scolpire oggetti che dovevano vedersela col fuoco. I tronchi tagliati dal 3 al 4 marzo non bruciano nemmeno se li sottoponi alla fiamma os-

[14] Che succede, ragazzi?

[15] Accidenti, sono saltati dentro i rospi per lavarsi.

[16] Quando i rospi si puliscono, arriva la fine del mondo.

sidrica, tutto grazie a una linfa acida che non fa ardere il legno. In Austria facevano le canne fumarie con tavole tolte al bosco in quella data. Da noi cappe di camino, pale da fornai, mestoli da polenta, ripiani per posarvi caldiere roventi eccetera. Se buttiamo nella stufa a pieno regime di calore un tronchetto dei primi di marzo, al mattino lo troviamo intero, soltanto un poco annerito.

Oggi non servono più tali attenzioni, tutto è studiato meglio e risolto velocemente, ma in quei tempi erano soluzioni fondamentali per ottenere il meglio.

In quanto agli sterpi "ungulati", servivano pure a proteggere gli innesti, pratica preziosa che addolciva il selvatico immettendovi la gemma di una pianta domestica, e al tempo stesso donava a questa la forza primigenia di chi è cresciuto senza carezze. Gli sterpi tenevano alla larga gli animali, che tendevano a grattarsi sulle piante da frutto, rovinando il lavoro.

Le punte acuminate tengono lontano tutti, pure le persone. Molti infatti evitano scrupolosamente coloro che possiedono caratteri spinosi. Celio mi avvertiva sovente di stare alla larga da certi personaggi. Quando chiedevo perché, lui si adombrava. Non voleva udire nessun perché. Poi, rasserenato e mite rispondeva: «*Al pònth, l'ha i spìnch*».[17]

Intanto, piano piano il sole si alzava diventando sempre più caldo, le giornate s'allungavano. Tornava il cuculo dalla sua fuga all'estero per dirci che era arrivato aprile.

[17] Punge, ha le spine.

primavera

Aprile

mese di vanghe e valanghe

Aprile dava avvio a certi dettagli che preparavano l'inizio delle fatiche estive. L'arrivo delle stagioni era segnalato da suoni, voci, rumori che definivano ognuna, regalando allegria ai montanari anche quando giungeva l'inverno. A inaugurare aprile non poteva essere che il cuculo. Lo si aspettava con gioia perché lassù quell'uccello era tutto. Significava molte cose, e l'insistenza del suo canto rallegrava i cuori. Era il segnale che a breve sarebbe apparso il volto della primavera, con tenui fiori tra i capelli e piccole gemme nel grembiule. Quest'anno l'uccello è arrivato prima del previsto. Nemmeno il tempo di voltare il calendario ed ecco il suo verso balzare dai pini del Col delle Cavelle. Era il 2 aprile. Col suo repertorio in tono unico iniziava a dire qua e là che era tempo di muoversi, tirar fuori badili, vanghe, zappe e tutto ciò che serviva a fendere la terra.

I montanari un tempo tenevano in gran conto la voce del cuculo. Guai toccarlo o infierire contro di lui. Rappresentava la dolcezza della primavera, il termine della paura, perché finalmente si andava verso il bello. Evidentemente il tempo ha cambiato la biologia umana, forse pure la genetica. Non è raro il caso infatti di turisti che amano la montagna e la frequentano in ogni stagione, ma si lamentano in maniera stizzita di suoni, rumori e voci della terra. In un paese di grande fama turistica (non è Cortina) una famiglia di ricchi pretendeva si zittisse il gracidio delle rane. Altro caso, altro paese e altro turista: costui ce l'aveva col canto del gallo, che danneggiava il suo dormire mattutino.

Esistono paesi sull'arco alpino dove, accanto al turismo di moda, e di massa, sopravvive ancora la vecchia cultura contadina. «E per fortuna!» viene da dire. È facile quindi sentire muggiti notturni, belati, meridiani suoni di campanacci, canto di galli e abbaiar di cani. Da noi, nel paese ripido, un tizio si lamentò dei rintocchi delle campane che battevano le ore in piena notte. In questo caso forse aveva ragione. La primavera scorsa, invece, un tale di cui voglio dimenticare il nome entrava al bar del Moretto intorno alle undici di mattina esclamando: «Ma non c'è qualcuno che tiri una fucilata a quel cuculo rompicoglioni?». Nessuno rispondeva.

Questo è oggi il rifiuto dei canti. Le voci che un tempo erano gradite, musica per l'anima e conforto ai dispiaceri, sono diventate fastidi insopportabili. All'orecchio del mondo moderno ingombra il canto del mondo stesso, in un manifestarsi di reazioni nervose che non di rado sfociano in reclami ufficiali a sindaci e autorità, se non addirittura in querele.

Ai miei tempi – sono nato nel '50 –, in aprile si preparavano gli attrezzi da sottosuolo. Vanghe un poco arrugginite, ancora sporche di terra emergevano da ba-

racche e depositi, assieme a zappe, picconi per cavar patate, asce da fendere e attrezzi strani per varie fatiche. Alcuni inventati alla bisogna dai montanari. Come l'ascia pesante per tagliare le dure zolle d'erba laddove c'era da creare un campo nuovo. Tutto veniva prima pulito da residui e ruggini varie. Dopodiché si passava al filo della zona taglio. Se la lama era sbrecciata in qualche punto, col martello si batteva la parte lesa in modo da spianare un poco il danno. Ora toccava alla mola ad acqua il compito di rifinire e affilare l'attrezzo. E chi doveva girare la manovella di quelle ruote tonde, pesanti e antipatiche? I ragazzini, ché dovevano imparare tutto. Si preparavano in quel modo le nuove leve. Putacaso che un giorno avessero intenzione di metter su famiglia, erano preparati e pronti a mantenerla, difenderla e cavarla dalla difficoltà.

Girare la mola era fatica non da poco. Gli anziani premevano con forza le guance degli utensili sulla pietra rotante. Lo facevano apposta per tastare le resistenze di ognuno. Se qualche "molante" resisteva poco, partivano battute volgari e sghignazzi di scherno. «Se duri così anche con le donne sei a posto!» dicevano.

La molata di quegli attrezzi era piuttosto grezza, visto che non dovevano tagliare legno ma affrontare terra, zolle e pietrame. Ultimo passaggio: una buona lubrificata con strutto rancido o scorze di lardo e l'acciaio era pronto.

Ora toccava ai manici. Una severa ispezione serviva affinché non lasciassero il contadino in panne sul più bello del lavoro. Venivano testati infilando un'estremità tra due massi, facendo leva per verificarne elasticità e tenuta.

Oggi è facile ottenere manici di pale, falci, picconi, zappe, asce, martelli eccetera. Con due o tre euro, qualsiasi ferramenta li fornisce. Ma allora toccava farli a mano, impresa piuttosto lunga. Occorreva minimo una giornata. E anche di più, a seconda dell'utensile che il manico calzava. Quello della falce, ad esempio, esigeva qualche giorno.

Le impugnature diventavano sculture vere e proprie. Sembravano forcole di gondola in miniatura. Perfettamente impugnabili, anatomiche e lisce come vetro, erano autentici capolavori di scultura. Ogni contadino le intagliava a modo suo. Per adattarle alla propria mano, stringevano un cilindro d'argilla fino a imprimere l'impronta di presa. Poi la riproducevano uguale in legno: faggio o carpino, ma anche frassino o *vèch*.[18] Acacia mai. L'acacia, dopo un'ora di lavoro, piagava le mani. Non voleva essere toccata, meno che meno stretta. Da nessuno, né maschi né femmine.

Aprile portava il cuculo e i tepori, ma in alto, sulle montagne, c'erano ancora metri di neve. Il caldo la inteneriva, staccandola dai pendii. Così, mentre in paese si battevano colpi sulle vanghe per aggiustarle, l'orecchio udiva il rombo delle nevi che scendevano a valle, estenuate. Non recavano alcun pericolo, avevano il loro alveo e nessuno si azzardava ad attraversare lì. Erano gli ultimi colpi di tosse dell'inverno in agonia.

Vanghe e valanghe, suoni di primavera, voci d'apri-

[18] Tipo di frassino più flessibile.

le assieme a tante altre che non sento più. Vincent van Gogh scriveva al fratello: "Caro Theo, i mulini non ci sono più ma il vento è sempre lo stesso". Vien da dire altrettanto in una lettera a tutti perciò a nessuno. Cara società di oggi, i suoni, i canti, le voci del tempo non esistono più, ma le valanghe e i loro frastuoni sono ancora presenti. E parlano invano. Ingarbugliati nella frenesia moderna, non abbiamo più orecchi per ascoltare.

"Tutto ciò che è fuggitivo dura" scriveva Borges "per cui a Roma rimarrà il Tevere, non il Colosseo." Forse è giusto così, che rimanga la neve e il rombo del suo cadere, tutto il resto finisca pure.

La riflessione nasceva spontanea sul bordo della nostalgia, ma Borges non sapeva che i ghiacciai del terzo millennio stavano scomparendo. Pure loro erano fuggitivi, e la triste, ultima fuga sarà senza ritorno.

Aprile potava gli alberi, ma solo alcuni, come meli, peri, susini. Altri esigevano mesi diversi, stagioni a venire, attrezzi adatti. Tutto estremamente affilato, pronto all'uso quando era il momento. Il contadino non si faceva sorprendere. L'imprevisto poteva accadere ogni giorno, bisognava essere preparati. Si viveva di pezzi di ricambio: se qualcosa si rompeva, c'era già il sostituto.

Il cuculo allietava i giorni, accompagnava il lavoro dei contadini, teneva compagnia al paese. Quando se ne andava, intorno ai primi di luglio, veniva un po' di tristezza. Primo per non avere più la sua voce, secondo perché annunciava un termine di stagione che si profilava all'orizzonte, anche se il caldo doveva ancora metter piede. Passava la nostra breve estate artica in un lampo, tra odori di fieno e brezze rinfrescanti, frusciar di falci e batter di martelli.

Le valanghe un poco alla volta esaurivano le corse di primavera, ammucchiandosi nei fondovalle, e rimanendovi tutto l'anno. Erano i nostri piccoli ghiacciai, ormai scomparsi da anni. La cengia di Col Briè, il canale occidentale del Duranno, il Fossh di Vajont, la conca delle cime di Pino, e molti altri siti ombrosi proteggevano le loro nevi perenni.

Quel ghiaccio oggi non esiste più. A metà di agosto nessun bianco indurito, pieno di residui strappati ai monti e mozziconi di alberi, tappezza ancora i luoghi d'ombra, culle di nevi antiche, serbatoi d'acqua solida.

Aprile portava con sé frenesia di rovistamento. Oggetti, attrezzi, memorie, riposti in autunno da qualche parte, non volevano farsi trovare per non esser sottoposti di nuovo all'impiego. Anche gli utensili hanno vita propria. Esprimono carattere, personalità, umori e voci diverse in base ai repertori richiesti. E non sempre hanno voglia di cantare. Quante volte, ad aprile, alcuni ferri da legno dovevano ricevere il morso del fuoco per essere temprati di nuovo? Eppure in autunno funzionavano a dovere. La pausa dell'inverno li aveva rammolliti, il non uso inteneriva i loro muscoli, occorreva allenarli come prima.

Quasi ogni famiglia teneva il suo allenatore – di solito vecchio ed esperto – munito di piccola fucina con tanto d'incudine, forgia, carbone di legna e tenaglie. Questo valeva altresì per i lavori in legno: ognuno possedeva una modesta ma efficace falegnameria. Tutto il necessario veniva costruito dagli artigiani che spuntavano nelle famiglie come fiori preziosi, passandosi il sapere di nonno in nipote come le tegole si passano l'acqua sul tetto. Era la scuola dell'obbligo: tutto si tramandava perché bisognava saper fare ogni cosa.

Vi era un attrezzo particolarmente restio a essere impiegato nei lavori. Non voleva saperne di venir strusciato sui tronchi una volta praticato il taglio di partenza. Il pezzo da segare cadeva in terra solo dopo lunga agonia. A quell'utensile seccava fossero quattro mani strette sulle impugnature a tirarlo qua e là. Era il famigerato segone da bosco, lungo più di un metro e mezzo, largo una spanna, da usare in due: uno da una parte, l'altro dall'altra. Era così restio a farsi adoperare, che si vendicava stringendo i denti fino a non tagliare più. Allora, in previsione di stenti e fatiche nei boschi autunnali, tra vanghe e valanghe d'aprile, al segone ribelle si praticava la cura dei denti. Con una speciale tenaglia detta da *intarthè,* si piegavano i denti del riottoso, uno a destra, il successivo a sinistra, di qualche millimetro. Poi con una lima a sede triangolare si affilavano alla perfezione e il segone era di nuovo aggressivo. A quel punto doveva suo malgrado soccombere all'uso fino alla primavera successiva, dove avrebbe subito l'ennesimo trattamento.

Fu messo in soffitta quando improvvisamente comparvero le motoseghe. Realizzavano in pochi minuti quello che il segone da bosco faceva in giornate di fatica e sudore. Pare, ma non è del tutto certo, che il ribelle attrezzo abbia chiesto pietà per il suo caratteraccio e, promettendo di fare il bravo, domandasse ai boscaioli di essere reintegrato. Ma ormai era tardi, le sorelle a motore lo avevano soppiantato per sempre. Ora, come tanti oggetti del tempo manuale, sta appeso triste e rassegnato alle pareti del museo degli antichi mestieri, testimone di un'epoca che non tornerà mai più. Tornerà invece il cuculo, col suo canto di primavera a rallegrare i montanari ormai motorizzati in ogni lavoro.

Dal vangare i campi alla falciatura, dal taglio del bosco alle opere di falegnameria, dal riportare in alto la terra dei campi al trasporto di letame, tutto è supportato da macchinari. Vi è persino un aggeggio per imbiancare le stanze. Anche le api sono preda di marchingegni. Certo, vale il detto meno fatica, più resa, meno ore sotto sforzo. Più tempo libero? Magari invece non è così. Forse sarebbe utile recuperare la lentezza, la quiete antica che ci connotava, il passo mite delle azioni da svolgere con calma. Senza frenesia si riesce a fare tutto. Piano piano i risultati arrivano, regalandoci soddisfazione e tranquillità.

Intanto, verso la fine del mese, le api sciamavano con la regina per creare nuove famiglie. I contadini erano vigili. Avevano da tempo costruito alveari nuovi e telai pronti a ricevere il tesoro. In quei lunghi periodi di poche robe, zero lussi e ristrettezze economiche perenni, le api erano fondamentali. Ogni famiglia teneva qualche apiario, minimo tre o quattro. Alcuni anche una ventina, altri di più. Quel che si produceva in esubero lo si andava a vendere qua e là, da Longarone fino a Belluno. La cera veniva usata per candele o per accendere il fuoco. Mista a resina di peccio e grasso, diventava sciolina per far correre gli sci.

I primi giorni di aprile, dall'1 al 4, erano buoni per

piantumare alberi da frutto e altre essenze utili al viver quotidiano.

Ricordo da bambino la festa degli alberi. I ragazzini delle elementari, tutti assieme, dalla prima all'ottava classe, si riunivano un mattino d'aprile in un prato scomodo, privo di vegetazione. Assistiti dai forestali, ognuno depositava il suo alberello in una buca precedentemente preparata. Poi la riempiva con la stessa terra di risulta. L'alberello cresceva col bambino che lo aveva piantumato. Assieme per la vita. Andavamo a dargli acqua con la secchia quando la siccità e la brace del sole lo torturavano.

Non so di feste degli alberi attuali, credo non esistano più. Eppure sarebbe una bella cosa ripristinarle. Non tanto per noi vecchietti che abbiamo già visto; l'età sconsiglia nostalgie inutili ma non impedisce i ricordi. Per i bambini invece sì. Recuperare la festa degli alberi per un regalo a loro favore. Oggi, che il progresso li sta allontanando da ogni contatto con la natura, sarebbe ottima cosa. Soprattutto intelligente, generosa, utile al loro futuro.

Ai miei figli ho fatto piantare alberi in località "Le spesse" e Val Zemola. Per anni hanno curato ognuno il suo come un cagnolino fedele. Allo stesso modo gli alberi sono stati riconoscenti, germogliando e fiorendo. Con le loro piante si è creato un legame speciale, appunto come il cane con l'uomo.

Dicono che i cani assomiglino ai padroni. Chissà se vale anche per gli alberi. Il mio non potrebbe che essere un carpino nero: testardo, scontroso, antipatico, irascibile, ma leale e onesto.

Le lune d'aprile erano importanti. Decidevano cose fondamentali per il resto dell'anno. Tutte le lune dettavano la loro storia e le loro regole. Quelle d'aprile significavano partenze. Su queste leggi cosmiche i montanari erano inflessibili. Le osservavano con scrupolosa precisione sia nei giorni che negli orari, attenti a sfruttarle fino in fondo.

Nel frattempo le vanghe erano state affilate, i treni bianchi delle valanghe esaurivano le corse verso lo scioglimento e l'estinzione. Aprile era finito ma il cuculo cantava ancora.

Maggio

mese di cesti e virgulti

Dispiaceva sempre ai montanari la scomparsa di aprile. Era un mese gentile, a favore d'animo e fisico. Le membra si stiracchiavano, le ossa scricchiolavano, il corpo indurito dall'inverno riprendeva elasticità, sveltezza, mobilità. Si tornava flessibili come i virgulti che crescono sulle sponde dei torrenti. A consolazione arrivava maggio, che non era da meno in quanto ad aiuto psicofisico e animico.

Ad annunciarlo giungevano in volo stormi di insetti alati che portavano il suo nome: maggiolini.

Era un momento delicato, perché i coleotteri marron chiaro infestavano i noccioli, tanto da farli sembrare alberi viventi, con quel brulicare continuo lungo i rami. Invadendo le gemme, nuocevano al raccolto, ma era un danno sopportabile, perché non dovevamo arricchirci. Qualcosa restava per noi ed era sufficiente. Gli insetti ci lasciavano di che vivere.

Come a voler competere con loro, s'affacciavano ai

bordi delle sere i cervi volanti, meravigliosi e inquietanti "mostri" dalle lunghe chele. Da bambini li catturavamo, infilandoli poi in vasi di vetro col coperchio bucherellato per farli respirare. Facevamo a gara per chi imprigionava l'esemplare più grosso. Erano i nostri giochi.

Prova di coraggio per i catturatori era mettere l'indice fra le tenaglie affilate dei cervi volanti. Mio fratello Felice, quello che morì in Germania a nemmeno diciotto anni, perdeva sempre. Aveva paura di tutto e fu il primo a vedere la morte in faccia. Ironia del destino, toccò a lui, pauroso e timido, il passaggio fatale tra le micidiali chele della morte.

Sapevamo benissimo dove i coleotteri tenevano casa. Dimoravano nei millenari ceppi di San Rocco, radicati in fondo alla via, di fronte alla chiesa omonima. Un tempo proteggevano le radici a faggi colossali, tagliati inopportunamente, ancora non si sa perché. Il tempo e gli elementi avevano minato la salute dei ceppi, che un poco per volta avevano iniziato a indebolirsi, diventare teneri. E in quel tenero giallastro fosforescente presero posto cervi volanti e calabroni, abusivi di un midollo disfatto ma accogliente, perfettamente in armonia tra di loro.

Nelle tiepide sere di maggio, prima che il buio li nascondesse e la notte venisse a dialogare coi morti del cimitero soprastante, andavamo a vederli. Ci venivano incontro volando a un metro da terra, in formazione di tre o quattro, scuri e misteriosi, naufraghi nell'aria tiepida di maggio, verso una meta ignota. Verso il destino in agguato. L'abilità di noi ragazzini era quella di acchiapparli al volo, senza fargli male, soprattutto evitando le tenaglie che cercavano le nostre dita. Li tenevamo un giorno nei barattoli, per vederli da vicino, studiarli, farci affascinare dal loro mistero impenetrabile. Poi li riportavamo ai ceppi di San Rocco, nelle loro dimore, pronti per essere catturati un'altra volta. Erano i nostri amici, compagni di bambini dei monti, i nostri passatempi di primavera, assieme ai cani da caccia e gli animali di famiglia. Oggi bisogna essere fortunati per vederne qualcuno. Forse han capito che tempi e clima sono cambiati, e non ritrovando l'habitat si sono spostati altrove.

Giocare con esseri viventi è diverso che farlo con lo smartphone o computer, dove gli amici a quattro zampe o con le ali esistono soltanto in maniera virtuale.

A quei tempi avevamo solo quelle distrazioni, ma sono certo che se fossero improvvisamente comparsi i videogiochi li avremmo usati, eccome! Non bisogna esaltare nostalgie di un passato in cui fummo costretti a subire di tutto, e ricevere gratis fatiche, patimenti e privazioni. Se allora avessimo avuto le comodità di oggi, tecnologie, macchinari e marchingegni, ci saremmo buttati dentro a capofitto. Guai fare i nostalgici per invidia dell'oggi, campando la falsa immagine che noi eravamo migliori. Una poesia del grande Giacomo Noventa, a un certo punto dice:

Cussì che in ultimo mi no' starò,
coi altri vèci intorno al fògo,
cussì che in ultimo mi no' starò,
a dir "noialtri".

Ecco, pronunciare quel "noialtri" altezzoso e spocchioso è un'arroganza fuori luogo. Soprattutto di comodo, quindi falsa. Se c'è una cosa invece da dire e ricordare con qualche rimpianto, è che allora c'era più umanità, senso dell'amicizia, unità di affetti e dolcezza di bambini nel gioco con gli animali. Cani, gatti, uccellini, vacche, capre, vitelli diventavano compagni di viaggio, maestri di crescita, amici a sostegno nei momenti di tristezza.

Ma torniamo al maggio dei cesti e dei virgulti. Gli artigiani badavano che la luna si trovasse in fase giusta. Poi scendevano alle anse del Vajont, del Mèsaz o del Vaìl a raccogliere i vinchi da lavoro, lì dove sapevano di trovare quelli più resistenti. Usavano un ronchetto speciale detto *podarùal*: lama curva, lunghezza totale – compreso il manico in pero – venti centimetri.

I virgulti andavano tagliati alla base, uno alla volta, senza piegare il fusto. Piegandolo era facile che la corteccia si staccasse, lasciando il legno nudo, come si fosse tolto il vestito. Che poteva anche andar bene qualora l'artigiano scegliesse di costruire cesti di colore bianco. Ma il bello dei manufatti di maggio erano i colori. Esistevano vinchi gialli. Un giallo vivo, lucente, un oro che feriva gli occhi. C'erano quelli viola, fuscelli color vino, alti e sottili, dondolanti alla brezza come ubriachi. Il più semplice era un *vinscìar* a tinta marron chiaro, tipo nocciola, non per questo meno pregiato. Alcuni artigiani costruivano cesti usando le varie tinte dei vinchi, così che il manufatto cresceva col sorriso policromo, ed era molto bello. Raramente qualcuno li pitturava. Il colore snaturava l'anima di quei sottili ma tenaci fuscelli.

Un tal Guerìn, che conservava intatte le nostalgie del Ventennio, dipingeva i cesti in bianco, rosso e verde, a fasce orizzontali, per ottenere la bandiera d'Italia. E ne vendeva parecchi, sì da pensare che non tutto era finito.

Perché fare scorta di vinchi nel mese di maggio? In quel periodo le linfe corrono veloci a dare vita alle piante, a premere fuori gemme, ammorbidire le rigidezze del freddo, a dare movimento nuovo agli alberi imbalsamati dell'impagliatore inverno.

Un altro legno esigeva il canto di primavera per essere tagliato a uso lavoro. Era il nocciolo, albero oggi detto "infestante" perché invade i cortili delle case abbandonate. Proviamo a dirlo ai Ferrero di Alba che i noccioli sono infestanti! Ho udito la parola "infestante" da un noto "alberista", uno di quelli che sanno tutto imparando dai libri. Invece, per noi abitatori dei luoghi impervi, i noccioli che crescevano spontanei nei boschi erano vita, come del resto gli altri alberi. A tagliarli a maggio «in sul calar della luna» (come raccomandava il grande scultore zoldano Andrea Brustolon) sapevi di avere un prodotto sicuro.

I noccioli servivano a costruire molti oggetti, alcuni dei quali non esigevano tagli a favore di luna. Come ad esempio i lunghi bastoni dove i fagioli si arrampicavano. Oppure erano impiegati nell'assemblaggio delle slitte da fieno o da legna. Posizionati di traverso sotto i soffitti delle cantine, debitamente distanziati, si appendevano a fumicare salami e salsicce.

Questo tipo di impiego non necessitava lune particolari. Ma quando si trattava di costruire gerle, culle, *brìnthie*,[19] bastoni da pastore, allora sì che occorreva servirsi della luna. Sempre in calante di maggio.

I noccioli da gerle venivano incisi alla base del tronchetto, grosso quanto un manico da scopa, piegati un poco finché si apriva una breccia. Tirando verso l'alto ne usciva una striscia lunga due metri e larga un centimetro. Così per tutta la circonferenza del bastone. Alla fine, dopo quella paziente circoncisione, il nocciolo risultava molto più sottile, bianco e disossato, a sezione ottagonale. La lunghezza rimaneva la stessa e l'avanzo di quel bastone veniva usato per altre opere o dato al fuoco ridotto in pezzi.

Maggio era tempo liquido, linfe che scorrevano, temporali che arrivavano, neve sciolta che ingrossava i torrenti. Ma i tiepidi giorni del mese tendevano a seccare le linfe a giunchi e noccioli. Come fare per conservare integre flessibilità e tenuta? A questo punto interveniva l'acqua del rio Valdenère con le sue misteriose proprietà. Gli artigiani immergevano nel grande fossato, dove il ruscello usciva alla luce dalle tenebre del mondo, grosse fascine di virgulti e noccioli legati con una corda vegetale chiamata *intòrta*. Oppure del robusto spago. Mai fildiferro. Il ferro non va d'accordo col legno. La sua presenza intorno all'albero ne avvelena la purezza, inquina la natura dell'essenza stessa. In più c'è il rischio che ferisca le cortecce rendendo il prodotto inutilizzabile. Pazienza, esperienza e conoscenze, acquisite in secoli di prove, errori e fallimenti, avevano

[19] Grandi gerle da foglie.

dato frutti buoni conservati nel registro della memoria, tramandati di padre in figlio, di nonno in nipote.

I manufatti creati dalle miracolose mani degli artigiani avevano destinazioni varie. Una minima parte era adoperata in famiglia: cucchiai, forchette, ciotole, piatti, scodelle eccetera. La quantità maggiore veniva messa su carretti di legno a sponde alte e ruote cerchiate in ferro, per essere venduti nei paesi e nelle città.

I carretti li tiravano le donne, che partivano a giugno e tornavano a ottobre. Le chiamavano *sedonère*, che in dialetto vuol dire "venditrici di cucchiai". *Sedòn* significa "cucchiaio". Vendevano pure ceste di vinchi e gerle di nocciolo bianche come neve, leggere e pratiche. E setacci di ogni pezzatura, dalla rete varia a seconda dell'uso: quella finissima per le farine dispettose, l'ultima, a trama grossa, per fagioli, granturco eccetera.

Anche i setacci esigevano il quinto mese per essere costruiti. La lunga doga che creava circonferenza e altezza era di faggio o acero, entrambi tagliati a maggio sul calar della luna. E, come vinchi e noccioli, ricevevano dolcezza, durata e flessibilità dall'acqua del Valdenère, che li abbracciava per un paio di settimane.

Ricordo un vecchio artigiano che mi regalò un'esperienza indimenticabile. Lo incontrai per strada, dopo la scuola, con un tascapane a tracolla. Disse: «Hai tempo?». «Sì» risposi incuriosito. «Allora vieni con me.» Era di maggio e andai con lui.

Mi portò alle curve di Vinsciarèi, sulle rive del Vajont. Quelle anse misteriose erano il regno di vinchi multicolori. Crescevano gialli, viola, bianchi e color della cenere. Nel nostro dialetto il vinco si chiama *vinsciar*. Ecco perché Vinsciarèi. Vuol dire "grande bosco di *vinscìars*", appunto di vinchi.

Quell'uomo, che si chiamava Giuli, diminutivo di Giulio, disse: «Ti faccio una spada». Tagliò un nocciolo lungo un metro e lo scortecciò. Poi tagliò una brancata di *vinscìars* gialli e si mise all'opera. Io guardavo. Seduto su una pietra di *saldàn*,[20] intrecciò sul nocciolo il manico da impugnare e poi, su e su, costruì, sempre a intreccio, un'elsa con andamento a spirale lunga due spanne. Era una meraviglia.

Bloccò il tutto con fili di vinco sottilissimi e porgendomi la spada disse: «Ecco, ora combatti».

Dissi: «Manca la punta».

«La punta non te la faccio, è pericolosa.»

«Ma che spada è senza punta? Le spade hanno tutte la punta» ribattei.

«Prova a pensare che ce l'ha» disse il vecchio artigiano, «tante cose bisogna immaginarle e diventano reali nella testa. Non si può sempre avere tutto, ma se immagini di averlo è come se lo avessi.»

Non mi convinse.

Intanto tirò fuori dal tascapane un pezzo di formaggio e una pagnotta. Poi seguitò a rovistare, brontolando imprecazioni. Mi guardò e disse: «*Sacranùn, è desmentigè 'l vin!*».[21] Avevo, penso, dieci anni ma ero sveglio più di oggi. Non persi l'occasione e dissi: «Il vino ce l'hai, basta che lo immagini».

[20] Roccia verde simile all'arenaria, molto ruvida e abrasiva, con cui si facevano le mole per gli arrotini.

[21] Sacramento, ho dimenticato il vino.

Colto in fallo mi guardò di traverso. Aveva gli occhi buoni della gente semplice. Disse: «*Canaj*, rispetto, eh! Il vino e le donne non si possono immaginare, bisogna averle sul serio, tutto il resto sì. E adesso mosche (silenzio) o mi riprendo la spada».

Lo aiutai a tagliare virgulti e legarli in due fascine, una grossa e l'altra piccola per me. Io davanti, arma in mano e carico in spalla, lui dietro, guadagnammo la *cùaga*, una gobba di prato dove si riposavano i portatori. Poi raggiungemmo il paese. Lo ringraziai e filai a casa a mostrare il mio gioiello ai fratelli.

Intanto il timido sole di maggio andava a nascondersi dietro la spalla del Borgà. L'aria della sera sosteneva i cervi volanti e i maggiolini, che nel frattempo si erano mossi. A casa trovai il fuoco acceso e la minestra di riso, latte e fagioli che bolliva. Il nonno intrecciava cesti, la nonna mescidava quella minestra che durava sempre poco, la vecchia zia sordomuta pregava. Prima mangiai, poi feci vedere la spada ai fratelli, che si fecero invidiosi. I vecchi, invece, manco la guardarono.

Quando avevo i figli piccoli, otto, dieci anni, imbevuti come spugne nell'acqua di cartoni animati e guerre stellari, mi chiesero delle spade. Dissi che gliele avrei costruite io, con noccioli e vinchi gialli. Si misero a ridere, offesi. Volevano quelle fosforescenti di plastica, e luci balenanti a batteria. Mentre con tutti e quattro mi recavo a Belluno a comprargli le spade atomiche, ricordai il vecchio Giuli e la mia spada.

I tempi erano cambiati, per quelle armi bianche, scintillanti di blu e verde come aurore boreali, non serviva attendere maggio. Ma, come ho detto altre volte, non bisogna vivere di nostalgie, allora era così, oggi è colà. E sono più che certo di una cosa: se il vecchio Giuli mi avesse messo in mano una spada di guizzi boreali come quelle di oggi, altroché se l'avrei presa!

Intanto, uno dopo l'altro, nella quiete delle sere di maggio e il ronzio dei misteriosi cervi volanti, i giorni passavano tranquilli. Nel frattempo, nascosto tra esuberanti fioriture e foglie nuove, aspettava il suo turno il neutrale giugno, mese di campanacci e malghe, pronto a dare vita ai monti silenziosi, con le vacche che rasavano i pascoli alti, ruminando di notte il loro mite passato. Era arrivato il tempo della frenesia produttiva. Maggio aveva concesso giorni di preparazione, programmi, precedenze e sogni. Giugno, con la pistola alzata, sparava il colpo di partenza.

Giugno

mese di campanacci e malghe

Si era giunti a metà dell'anno. Fino a qui il lavoro consisteva anche in fatiche ma, si può dire, piuttosto leggere rispetto a ciò che capitava in seguito. Da giugno in avanti si faceva sul serio. Bando alle ciance, maniche rimboccate, attrezzature pronte e via. Le falci lucevano, zappe, vanghe e badili affilati, depositi pieni di legno da opera, progetti ben chiari tolti dal cassetto e... testa bassa in avanti. Le giornate erano lunghe, di luce e fatica.

Ai primi di giugno si tiravano giù dalle soffitte i campanacci da mettere al collo del bestiame pronto per la malga, dopo i mesi trascorsi in stalla. Ogni vacca aveva il suo personale. Quando moriva o veniva abbattuta, lo passava alla manza figlia. Poi c'erano i campanacci da vitelli, molto più leggeri, tintinnanti come cristalli. Infine quelli per le capre, sottili, a forma di cuore.

I collari per sostenere campanacci e campanelli erano autentici capolavori. Scolpiti in *salèint*[22] in pezzi unici, tagliati a luna calante di maggio, come tutti i legni che esigevano piegatura. Si riduceva il tronco in fogli sottili alti mezzo centimetro, larghi sette, con uno spessore più grosso alle estremità dove scavare l'incastro. L'incastro era composto da maschio e femmina, bloccati l'uno con l'altro dalla chiavetta. Si piegavano a caldo, sotto la cenere. L'anello ottenuto, un ovale, doveva prendere la forma del collo di ogni bestia.

Il contadino incideva sul collare ricami, fiori, nome di famiglia o casato, badando che non ci fossero somiglianze con altri manufatti. Per essere sicuri di non avere fotocopie in giro, i montanari si mettevano d'accordo. In pratica, possiamo dire, depositavano i loro marchi dopo un tacito accordo con tutti: ognuno il suo, a volte inventato estemporaneamente, stufi di quello vecchio. Divieto assoluto di imitare.

Si partiva per la malga il 13 giugno, festa di sant'Antonio. Era così da sempre, anche se c'era qualcuno che trasgrediva. Si tornava il 7 settembre, ma se c'era ancora erba buona, la stagione poteva trascinarsi alla fine del mese. La partenza e il ritorno dalla monticazione originavano una festa di paese dai contorni epici e pittoreschi. Ghirlande di frasche verdi sui muri e al collo del bestiame, vino quel che c'era, fino a esaurimento scorte, canti e allegria sia all'andata che al ritorno.

Gli animali si trovavano spaesati all'uscita di stalla, balzavano qua e là imbizzarriti, ma solo pochi atti-

22 Maggiociondolo.

mi. Giusto uno sfogo dopo otto mesi di prigione. Poi, come se d'improvviso ricordassero l'antica via dei pascoli, in fila indiana, tra clangori di campanacci e canti popolari, seguivano il malgaro che li ingolosiva con prese di sale.

La borsa del sale era un oggetto di assoluta importanza per i pastori alla malga. Non doveva mancare assolutamente a tracolla dei conduttori. Fatta di cuoio grezzo, una spanna di larghezza e una di altezza, teneva qualche etto di leccornia da fare correre vacche e capre, che ne andavano matte. Così, catturate per la gola come gli esseri umani con la Nutella, si potevano tenere a bada facilmente. Più che tenerle a bada, il sale non le faceva allontanare molto, risparmiando la fatica di andarle a cercare.

Dai sette ai tredici anni, coi miei due fratelli ho lavorato alle malghe Ferrera, Bedin, Pezzei e Galvana, nell'alta Val Zemola. Soldi niente, solo vitto, alloggio e qualche forma di formaggio. Ma abbiamo imparato molto. La paga ricevuta è stata di gran lunga più importante del denaro. Si chiama "esperienza". Nel nostro caso pazienza, volontà, sveltezza, tenacia, allenamento alla fatica, determinazione a non mollare. Decisione ferrea di risolvere i problemi.

Si faceva tutto a mano. La mungitura, la cagliata, il burro da consolidare a suon di braccia, la pulitura delle mastelle in doghe di larice, la conduzione attenta del bestiame al pascolo. Nessuna nostalgia, sia chiaro, si sta meglio oggi, eccome, ma ho la netta impressione che allora eravamo più sereni.

L'esperienza alle casere ci ha insegnato anche l'amore

per la natura in tutte le sue manifestazioni, anche le più violente. Quella del collegio Don Bosco l'amore per i libri, la cultura, le storie, la curiosità e la voglia di sapere.

A giugno la vita era esplosa, richiedeva mano d'opera, non si poteva tergiversare. Mentre gli animali erano in alpeggio, in basso si curavano le viti, potandole e coccolandole smuovendo la terra alla base, in modo che tirassero il fiato. Erano viti selvatiche, per fare vino aspro, come la gente che l'avrebbe bevuto. Su certi ripidi prativi già fischiavano le falci, ma non era ancora tempo giusto. Si trattava di nostalgici appassionati del ferro da taglio più di altri.

Uno di questi un giorno d'inverno impazzì e si mise a falciare la neve del Col Ciastòn, alta un metro. Nessuno osò avvicinarlo per farlo desistere. Lo lasciarono falciare fino a sera. Quando le lunghe ombre di gennaio imbrunirono il raccolto e calò la notte sul fieno di neve, l'uomo, falce in spalla, rientrò.

Il 13 giugno, come sappiamo, vacche e manze salivano in quota e sembravano felici. Famoso detto montanaro dei pastori era questo: "Il primo giorno di malga non si fa formaggio". Dovrebbe valere per ogni inizio di attività, qualsiasi essa sia. Significa che nelle partenze c'è bisogno di qualche tempo per ottenere risultati. Oggi i giovani vorrebbero avere tutto subito. Ma «presto e bene raro avviene» mi dicevano i preti del Don Bosco. Anche il podista di maratone necessita rodaggio nei primi chilometri. Così è per i lavori.

I primi di giugno alle malghe si preparavano gli attrezzi. Quelli più urgenti innanzitutto. Quali erano priorità? Le vacche del primo giorno andavano munte alla sera, senza ritardi. Quindi, utensile urgente erano le mastelle, contenitori circolari in doghe di larice, alti una spanna, la circonferenza una ruota di bici. Lì dentro finiva il latte della prima mungitura. Dove si collocavano le mastelle? Su mensole apposite, perciò erano quelle assi a ricevere il latte in sequenza, da quello fresco a quello di più giorni.

Dopo aver sistemato gli animali, che avevano precedenza assoluta, toccava turno agli uomini.

Nella sera d'inizio, dopo le fatiche del viaggio col bestiame, veniva a cercare i pastori la quiete delle notti estive sulla montagna. Con essa giungeva il sonno. Allora, alla luce di una candela, si preparavano le zaghe: rudimentali giacigli in tronchi di abete fissi in loco. Si riempivano di frasche e boccoli di pino mugo, un telo a tenere fermo l'insieme, e l'alcova era pronta.

Ormai sono vecchio, ho dormito un po' ovunque, anche alberghi di lusso. Ma i sonni alle malghe, i rantoli dei gufi, la dolcezza delle notti misteriose, quando la luna entrava nella baracca a illuminare tutto, sono irripetibili. Ma forse eravamo solo stanchi e dormire veniva bene. E c'era fame, nei nostri corpi giovani, ogni cibo era leccornia. Avevamo voglia di spazi, ogni cielo, ogni paesaggio, ogni montagna erano magnifici.

Le vacche, sfinite dal lungo cammino che le aveva portate ai pascoli alti, a sera s'accucciavano presto nei *teàth*, semplici ricoveri di muri a secco coperti a scandole. Nel silenzio della prima notte di malga, dentro il fiato tiepido della brezza estiva, si potevano udire i loro respiri. E solo ogni tanto, ma molto raramente, il clangore del campanaccio di una mucca che scrollava la testa, impaurita da brutti sogni.

Sono questi i miei ricordi di bambino dei monti. Ricordi di giugno, unici, irripetibili. Ho vissuto molte avventure, provato tante emozioni, ma nessuna ha raggiunto momenti di magia come quelle ormai disperse notti di malga.

Intanto al paese si zappavano e vangavano i campi, resi morbidi cuscini dal trasporto di terra con le *thevìare*. A questo proposito mi sovviene il ricordo di una remota poesia imparata al collegio. Le rime non le so più ma il concetto era questo: un contadino in punto di morte riunisce i figli fannulloni e rivela loro che c'è un tesoro nel campo. La poesia specificava "nel campetto". Questi vangano, vangano, girano le zolle ma invano. Tesoro niente. Alla fine, dopo aver rivoltato più volte la terra, scoprono il tesoro. La frase finale dice: "Era la vanga dalla punta d'oro". Così il vecchio contadino era riuscito a far lavorare i figli scansafatiche e a farli appassionare alla cura dei campi.

Se il primo giorno di malga non si faceva formaggio, si faceva ben altro. C'era da procurare scorta di legna per cuocere il latte e scaldarsi. Roba secca. Il malgaro ci sguinzagliava per i boschi a cercare alberi morti, i cosiddetti "secchi in piedi". Una volta segnalati, ci pensava lui ad abbatterli a colpi d'ascia. Portava a casera i pezzi più grossi, a noi il compito di raccogliere rami e rametti, ottimi per dare abbrivio al fuoco.

Legare il fascio di rami era lavoro di ecologia *ante litteram*, ecologia vera e pura. Si tagliavano col ronchetto *podarùal* dei fuscelli grossi quanto un mignolo, lunghi un paio di metri. Tenendo la base sotto lo scarpone, si partiva dalla cima torcendo il fuscello fino in fondo, ottenendo una corda perfetta e solida. Le chiamavano *intòrte* e alla fine della loro opera venivano date in pasto al fuoco assieme ai rami.

I secchi in piedi regalavano legno eccezionale. Duro come osso, che la scure rimbalzava. Il segone a mano slittava prima di cominciare a mordere. Toccava a noi segare. E non c'erano ancora le motoseghe. La mungitura, pure quella a mano. Si premeva ogni capezzolo con la nocca del pollice piegato, avevamo fatto il callo. Ogni tanto una mucca scudisciava la coda, sbattendocela in faccia intrisa di liquami.

Erano questi i giorni da minipastori. I primi giorni di giugno, mese di campanacci e malghe.

Dopo una settimana i ritmi cominciavano a funzionare. Il lavoro filava senza intoppi dalla prima all'ultima luce. Si cagliava la raccolta di latte, un'enorme caldera di rame da trecento litri. E fin qui niente problemi: fare il formaggio non era fatica. Ma poi veniva il burro, e la faccenda cambiava. Una grossa zangola raccoglieva la testa del latte (la panna), dopodiché toccava a noi maneggiare il pistone arcuato tirandolo su e giù finché non facevano male i muscoli. Ci davamo il cambio mio fratello Felice e io. Richetto era troppo piccolo (sette anni) per metterlo al giogo.

Il mese di giugno serviva come rodaggio. Da lì in poi tutto diventava automatico. Se non fosse stato per gli imprevisti del pascolo, oserei dire tranquillo. Non per questo privo di fatiche.

Ci divertiva pascolare i vitelli. Bambini come noi, senza malizia, si lasciavano condurre e coccolare.

Le vacche avevano tutte un nome e chiamandole alzavano la testa. Nel ricovero, dopo l'abbeveratura della sera, ognuna filava dritta al proprio posto. Il malgaro aveva scritto col lapis copiativo tutti i nomi delle mucche per aiutarci a legarle giuste, ma non serviva. Raramente sbagliavano il luogo di riposo.

Successivamente avveniva la mungitura e solo dopo potevamo ritenerci soddisfatti e respirare un poco. La casera distava pochi metri dai ricoveri delle bestie, così che potevamo udirne i movimenti. Stanche ma felici, ognuna, prima o dopo, si accucciava per dormire. Appena stese emettevano un lungo respiro di pace, ruminando nel frattempo le profumate erbe dei monti. A quel punto non si udiva più alcun suono di campanaccio se non nel cuore della notte, quando qualcuna scuoteva la testa turbata come ho detto da brutti sogni.

La luna silenziosa illuminava pascoli e boschi. Entrava nella baita e nei ricoveri rendendo oro ogni forma di vita, ogni oggetto, e tutte le cose di quel mondo isolato e remoto. Tre ragazzini ascoltavano rapiti i silenzi, seguivano il pallore dorato dell'astro che camminava, sentivano i rantoli lontani di gufi e barbagianni. Finché, cullati dalla notte e dalle fatiche, s'abbandonavano a un sonno di pietra, aspettando sogni buoni che portassero allegria e speranze.

In questo modo finiva giugno. Giù al paese si lucidavano le falci dopo averle affilate a colpi di martello. Stava per arrivare luglio, tempo di fienagioni e calura, mentre alle malghe tutto procedeva come sempre.

estate

Luglio

mese di sole e falci

In questo calendario sentimentale, descrivo un'epopea perduta, ormai scomparsa per sempre. E a volte mi viene da dire finalmente. Un'epopea dove tutto si faceva ancora a mano, dai lavori più semplici a quelli complicati.

Ricordo alcuni utensili che sapevano di tecnico ma anche quelli, comunque, azionati da mani, braccia, gambe e piedi. Ad esempio, lo sbattiuova a manovella, il macinino del caffè, la macchina per cucire Singer, a pedale o manovella. Il trapano, la mola per affilare, la macchinetta per tagliare i capelli. Anche la bicicletta a noi sembrava un marchingegno evoluto. Ce ne sarebbero ancora, ma penso bastino questi.

Solo dopo la tragedia del Vajont comparvero motoseghe, falciatrici, lavatrici e molteplici attrezzi mossi da forza elettrica.

A luglio partiva la fienagione. Prima si rasavano i prati attorno al paese, zona chiamata Tavella. Mano a mano ci si allontanava sempre di più, fino a raggiungere e pelare zone impervie e remote come le Centenere, nell'alta Val Zemola.

Il manico della falce, detto *falscìar*, doveva essere leggero, flessibile e robusto da reggere forti torsioni. Quindi pino giovane, diritto e con pochi rami. Lungo circa un metro e ottanta di media, poi dipendeva da statura e forza del falciatore. A noi il nonno ce li aveva costruiti piccoli piccoli e, mano a mano che si cresceva, ne faceva di nuovi.

Poi capitò il Vajont e tutto finì perché tutto non serviva più. Nella casa vecchia di Erto, in quella soffitta polverosa ormai abbandonata dove si giocava scoprendo di tutto, ci sono ancora appesi a un trave i nostri piccoli *falscìars*. Ogni tanto scendo in quella tana abbandonata, che fu accogliente e ci vide crescere. Vado in cerca di ricordi, visioni, memorie. Scopro di trovare malinconia e dolore. Vedo piccole galosce di legno e *scufòns*, calzature che ci preparavano il nonno e la zia sordomuta. Guardo i *falscìars* che impugnavamo a luglio, in Tavella e sui pascoli alti. Emanano, o mi sembra, l'odore delle nostre fatiche, il sudore di bambini rimasto nelle impugnature. L'acciaio delle lame, coperte di ruggine e ombre del passato, sembra esausto, sfinito, arreso all'evidenza del destino.

Falci e coti le vendeva un vecchio di Claut, piccolino e rubizzo, sempre allegro e gentile. Arrivava spingendo una bicicletta munita di portapacchi davanti e dietro. Dentro teneva la roba. Le marche di falce più usate sui monti erano due: il Gallo e la Testa di Turco, entrambe segnalate dai rispettivi simboli. La faccia del

Turco, un uomo dai grandi baffi e fez in testa, ci creava non poca inquietudine. Il Gallo invece no. Pieno di colori, collo dritto, becco aperto in fase di canto, ci dava allegria. Non ricordo bene ma mi pare fossero marche austriache.

I nostri minuscoli *falscìars* tengono appeso a una maniglia qualcosa che riconosco nella penombra. Sono portacote e contengono ognuno la pietra da affilare. Ne tolgo una, la tengo in mano. Il portacote sembra emettere un respiro di sollievo, come se gli avessi levato un peso o un boccone di traverso. Invece è soltanto un fiato di tristezza, sa che non verrà appeso mai più alla cintola di quei bambini. Quei bambini non esistono più, uno è morto, gli altri sono due vecchi. Rimetto la cote nel foro dove è rimasta ferma sessant'anni fa, dalla notte infame che cadde terra sulla terra, terra nell'acqua di una diga provocando duemila morti.

Ai tempi delle fienagioni di luglio si creavano gare tacite tra falciatori, portatori, raccoglitori e venditori. Quando c'era raccolto in esubero lo si vendeva agli allevatori delle pianure, gente che teneva due-trecento vacche. Venivano in paese, pingui e vestiti bene, cappello in testa e orologio incatenato al panciotto. Con loro c'era sempre il così chiamato "mediatore", uno che alla fine cercava di combinare al meglio l'interesse di venditore e compratore. Questo sistema valeva anche per vendita di legname da costruzione e legna da ardere.

Il taglio del fieno era roba seria. Tempi giusti, meteo a favore, orario preciso e muscoli allenati. I falciatori partivano al mattino e tornavano a sera, quando il sole girava dietro il monte. Nel tascapane una bottiglia di vino, formaggio, salame, polenta del giorno prima. La bravura non era solo nella velocità di esecuzione ma soprattutto nell'ordine e nella precisione degli *antòns*, onde d'erba che si formavano falciando. Più uscivano linee parallele, più queste linee cadevano ordinate e perfette, più il falciatore era abile. Guardando un pendio rasato, si aveva l'impressione di una risacca immobile, un verde-giallo lucente come schiene di ramarri.

Partivano di regola da destra verso sinistra, solo un bastian contrario di nome Checo iniziava a rovescio.

Ricordo falciatori di luglio a torso nudo, giovani con addominali che nessuna palestra poteva sviluppare meglio. Le continue torsioni li rendevano duri e sporgenti come noci. Giorni e giorni di sfalcio, per due mesi, a dieci ore giornaliere rendevano quegli uomini bronzi di Riace. I vecchi falciavano in camicia, forse per nascondere le grinze, ma certo avevano anche loro muscoli allenati.

Luglio era il mese delle falci che cantavano, come novembre quello delle *manère*. Si palesavano alla sera, lungo i viottoli di sassi, quando il sole andava a dormire. Ognuna squillante di voce argentina, ognuna col proprio direttore d'orchestra. A una cert'ora le falci di luglio si mettevano a cantare. Prima dell'imbrunire i contadini sedevano alle soglie, lungo le viuzze a battere le falci, che vuol dire affilarle. Piantato il maglio apposito, vi mettevano sopra il ferro e, un millimetro per volta, picchiavano sul filo per assottigliarlo e tirarlo a rasoio. Toccava poi alla cote creare finiture.

Occorre sapere che le falci erano di varie misure: più lunghe, più larghe e di vari spessori, perciò l'acciaio percosso emetteva suoni diversi. Erano le loro voci. Ma non bastava. Il canto dipendeva anche dalla forza impressa dal contadino. Un po' come il dolore: più il colpo è forte più si urla. Accadeva che il coro fosse vario, ma con facilità si poteva riconoscere colui che conduceva la danza. Non era difficile dire: «Quello è Nani Gaia, uno è Checo de Marùf, l'altro Gionìn Pìciol», e avanti così, finché le voci si spegnevano nell'ombra della sera. Tempi scomparsi, finiti nell'oblio del tempo, sostituiti dall'esasperata tecnologia di oggi.

A metà luglio la fienagione prendeva quota andando a rasare gli interminabili prati della Palazza, Carmelìa e le Matte Accione, nell'alta Val Zemola. Quaranta giorni lassù, sul monte Buscada, dormendo negli antri attrezzati come alberghi. Zaghe di tronchi per dormire, acqua fresca della fonte Cogarìa e candele. I viveri al fresco nella spaccatura gelida dell'Antro di Melissa, sospesi alla volta affinché le bestie della montagna non li rubassero.

Alla sera, nonostante la stanchezza, canti risuonavano nella valle fino al dirimpettaio Duranno. Le donne mandavano voci squillanti insieme alle falci. E come le falci, i mariti le battevano spesso per renderle affilate. E ci riuscivano. Magre, allenate, ossute, due di loro partorirono i figli sotto la cima della Palazza. Niente lamenti e fare silenzio. Nonostante la rudezza dei comportamenti, quegli uomini volevano bene alle loro mogli.

La fienagione consisteva in otto fasi, che il dialetto esprimeva così: *sigè, slargè, voltè, incogolè, spande, strutè sot, ligè* e *portè*. Tradotto è questo: falciare, sparpagliare, rivoltare, accumulare, spandere, raccogliere in file, legare e portare.

La fase iniziale consisteva nello sfalcio. La seconda nel disfare le onde d'erba col forcone e distenderle nel prato, dove subivano la prima essiccazione. La terza: rivoltare sottosopra col rastrello il tutto, di modo che il sole tostasse il verde rimasto in ombra. Quarto passaggio era fare dei cumuli (anche una trentina) alti circa un metro, distribuiti qua e là dove capitava. Quinta mossa, disfare quei cumuli e sparpagliarli di nuovo nel prato. Si *incogolàva*[23] alla sera, per proteggere il fieno, già mezzo secco, da eventuali piogge notturne e dalla guazza.

L'indomani, a meno che non piovesse, sesta mossa. Si disfacevano i *cògoi* spargendoli di nuovo nel prato. Se pioveva rimanevano intonsi finché tornava il sereno. Quando il tagliato era ben secco (si capiva dal crepitare) lo si radunava in file disposte dall'alto verso il basso. Erano lunghe onde d'oro dove i corvi infilavano il becco per trovare insetti.

A questo punto la penultima fase: legare il fieno in fasci. Si stendevano tre corde, due parallele, distanti una dall'altra quaranta centimetri. La terza di traverso tra le prime. Coi forconi si metteva fieno sopra le funi, in un cumulo alto più di un metro e mezzo. Il volume del carico dipendeva dalla forza del portatore. Tramite i *pich*,[24] il contadino a monte tirava con forza le corde

[23] Si facevano i covoni.
[24] Ganci appositi fatti di legno.

che l'uomo in basso gli porgeva, stringendo il fieno in un blocco compatto. Poi, una volta annodata la fune traversale, il fascio era pronto.

Ultimo passaggio: portarlo. Per caricarselo in spalla lo si ribaltava verso valle. In prossimità della corda di traverso, proprio al centro del carico, le mani scavavano uno spazio dove infilare la testa quando il peso sarebbe gravato sulle spalle. Alla fine, stando seduti schiena al fascio, si afferravano le corde parallele e, con determinazione, ci si tirava addosso il peso, aiutati dal contadino che stava dietro. A quel punto la maggior fatica consisteva nel rizzarsi in piedi.

Da lì si portava il fieno al deposito. Ma, nella fienagione di Palazza e Carmelìa, il trasporto al paese era impresa titanica. Caricato il fascio in spalla sotto il sole di luglio, il portatore calava fino al sentiero che menava al passo Scalét. Due chilometri o forse più di sentiero disagevole. Allo Scalét, messi uno accanto all'altro, attendevano una ventina di slitte da fieno. Venivano caricate alla sera, con tre fasci ciascuna, e da lì, in una discesa ad alto rischio, controllate a mano giù fino al paese, mille metri più in basso.

Questa sui pascoli alti era la fienagione di luglio. Se oggi qualche turista chiederà all'ultima esponente di quella vita agra, Polonia della Gaia, anni novantadue, cosa faceva da giovane, candidamente risponderà: «Tagliavo il fieno sui monti della Palazza». Non dirà altro.

Il lunario della memoria nasce per chiarire, specificare quello che stava dietro alla risposta di Polonia. Soprattutto per rendere omaggio alle fatiche disumane di gente povera, dignitosa e silenziosa. Queste righe vanno ai resistenti del ripido, come riconoscenza. Se oggi abbiamo trovato qualcosa di pronto e utile a vivere meglio, è merito anche loro.

Terminata la fienagione di Palazza e Carmelìa, i maschi più forti e coraggiosi si spostavano a tagliare le dure e corte erbe delle cime Centenere. Si trovano a destra del monte Duranno, ne spiano la parete meridionale, con grande vista sul rifugio Maniago in Val Bozzìa. Sono prati a dir poco da incubo, anche oggi che vengono risaliti da escursionisti esperti. Ci vogliono i ramponi, quantomeno sarebbe utile consigliarli.

I falciatori alati partivano di notte e in cinque ore di aspra risalita guadagnavano le Centenere. Nel tratto quasi verticale, lungo e largo da smarrirsi, tutti calzavano grappelle, rudimentali *grif*[25] pesanti e scomodi, forgiati nelle fucine delle case. Su tutte trionfava quella di Mano del Conte, fabbro inarrivabile.

Dalle vette Centenere, una teleferica in cavo d'acciaio Bordìon da nove millimetri permetteva di mandare i fasci di fieno alla radura Bozzìa, dove nel 1963 sorgerà il rifugio Maniago. Da lì, le mitiche slitte da fieno, cariche all'inverosimile, pilotate da uomini rassegnati alla pazienza, conducevano il materiale in paese. La prima parte era discesa e fino alle sette fontane diventava quasi divertimento. Ma dai sette rigagnoli in poi la via si faceva piatta e ossuta, con risalite antipatiche e toste. Percorreva tutta la Val Zemola fino alla cur-

[25] Ramponi.

va di Costa. Da quella mandibola ossuta, l'8 novembre 1886 fu spinta nell'abisso dal fidanzato Filomena Corona, incinta al nono mese. Un'ultima discesa menava ai fienili che aspettavano a bocche aperte.

Lassù alle Centenere mancavano i canti della sera. Non avanzavano voci da versare nella valle e farla risuonare di melodie. L'impegno era estenuante e pericoloso da tacitare ogni entusiasmo. Ricordo il nonno paterno che, nei racconti per far capire a noi nipoti donde venisse quel pane antico, un giorno esclamò: «Mi veniva voglia di spaccare la testa con la mazza alle vacche e andarmene per sempre da questo paese *massa ert*[26] e da quelle fatiche infami». Domandai dove sarebbe andato, nel caso avesse afferrato quella scelta. «In Austria» rispose, «dove i prati son comodi, o a fare il boscaiolo, come mio fratello, che passò trentadue anni sotto Francesco Giuseppe imperatore.»

Era fanatico di Cecco Beppe e lo venerò fino alla morte. Nella vecchia casa di Erto, accanto alle sue falci e ai suoi attrezzi da virtuoso del legno, campeggiano ancora appesi al muro due ritratti di Franz Joseph.

Così, tra fatiche umane e disumane, in un luogo che nulla concedeva alle comodità, trascorreva luglio, mese di sole, canto di falci e crepitar di fieni pronti a esser ruminati.

[26] Troppo ripido.

Agosto

mese di processioni, patroni e fiori

Non bisogna pensare che agosto fosse mese distante da lavoro e fatiche, tutt'altro. Si ruscava sempre, lungo l'intero corso dell'anno. È che in quel periodo comparivano, non scesi dal cielo ma nella tradizione popolare, alcuni santi da tener da conto. San Rocco, san Bartolomeo, la Madonna d'agosto, e altre feste comandate. Ma c'era pure il secondo taglio del fieno, in ertano chiamato *dorch* (è "il fino"), che per fortuna impegnava i falciatori solo nei dintorni del paese, in Val Zemola e negli spazi affettuosi della Tavella.

Poi si facevano pause di allegria e festa. Una era il giorno di san Rocco, 16 agosto. La statua in legno stava nell'omonima chiesetta, in fondo alla via, verso occidente, dove siamo cresciuti i miei fratelli e io. L'aveva scolpita qualche secolo prima un artista della Val Gardena, Ermanno Moroder, e opere sue erano anche la Via Crucis, san Bartolomeo, sant'Antonio e una splendida Madonna a grandezza naturale. Molti anni dopo, fui allievo saltuario presso un erede di quella dinastia di "capolavoristi": David Moroder, con studio a Ortisei.

San Rocco era ritratto in piedi, con una parte di tunica sollevata sulla gamba destra. Il cane gli leccava una ferita purulenta cercando di guarirlo. Ho sempre avuto timore di quella piaga, come se una paura lontana venisse a cercarmi. Come se anch'io un giorno potessi aver bisogno di qualcuno a guarirmi una ferita. E capitò. Scivolai da una breve rampa di roccia durante un tentativo di scalata. Mi sbucciai come meritano gli incauti, era il giorno della Madonna d'agosto. Il nonno, per disinfettarmi, tirò fuori l'attrezzo peccatore e mi pisciò sul ginocchio dove il danno gli sembrò maggiore. Da lì partì un'infezione durata parecchi mesi. Oggi sarebbero bastate alcune pillole di antibiotico a guarire. A quei tempi no, si procedeva con mezzi empirici, disinfettare era pisciare.

Furono Maria e Polonia della Gaia a salvarmi con l'aiuto di Tonina, loro sorella. Lavarono un tubero misterioso, me lo applicarono in forma di pastella e il ginocchio guarì. Mentre in queste righe onoro la memoria di tre donne speciali, se n'è andata Polonia, a novantadue anni, portandosi via i segreti delle erbe, dei pascoli, dei boschi e della sua vita appartata e misteriosa. Prima di lei erano partite Tonina e Maria, ora il cerchio è chiuso.

Tutto il paese, recando fiori e canti, andava a prendere san Rocco nella sua casa in fondo alla via, accanto al cimitero. Quattro portatori alzavano la statua infilando nel basamento due robuste stanghe sagomate. Noi bambini invidiavamo quei fortunati che godevano il privilegio di portare i santi. Non vedevamo l'ora di crescere e magari prendere il loro posto. Cosa che molto tempo dopo avvenne.

Dopodiché, prete in testa coi chierichetti sventolanti incenso, santo dietro e uomini, donne e bambini ancora più dietro, proseguivano cantando. Si faceva un percorso segnato da secoli. Attraverso il paese, fino a un capitello votivo a oriente. Dietro-front e ancora lungo il villaggio fino alla curva del cimitero, a occidente, dove a primavera fioriva un maggiociondolo. Giravolta di nuovo e ritorno alla casa natia del santo. Soglie, finestre e balconi pieni di vasi fioriti, immagini sacre e lumini accesi fino a consunzione.

Persino le concimaie a bordo strada rendevano omaggio al santo, riempiendosi di fiori.

Durante ogni processione, due uomini salivano sulla torre campanaria a battere *campanòt*, una sorta di ritornello sempre uguale, ottenuto picchiando i batacchi in un certo modo.

Stessa faccenda avveniva il 24 agosto, giorno di san Bartolomeo, patrono del paese. Quello, però, otteneva maggiori attenzioni. Anche tra i santi si fanno differenze.

San Bartolomeo faceva paura. Non lui, ma gli aguzzini che gli tiravano giù la pelle con lunghi coltellacci a forma di scimitarra. Da bambini, io e i miei fratelli non osavamo guardare quella statua. Anche oggi che sono vecchio, mi inquieta, crea domande nella mia testa consunta. Più che domande convinzioni: l'essere umano non smetterà mai di infierire sul proprio simile. Con parole e fatti.

Esiste un libro di Andrej Platonov, *Il mondo è bello e*

feroce. Io direi: l'uomo è brutto e feroce, con tante eccezioni, ovviamente.

San Bartolomeo dimorava alla chiesa grande, in centro al villaggio, assieme a sant'Antonio e quella Madonna stupenda dalle vesti colorate e il volto dolce ma sempre in ansia. Stavo omettendo, per problemi di memoria, che anche sant'Antonio veniva portato in processione. La sua festa era il 13 giugno, data in cui si saliva con le bestie in malga. Ma quel giorno, molti paesani al mattino riempivano una corriera della ditta Giordani di Claut per recarsi a Padova e onorare l'uomo venuto dal Portogallo.

Uno che non tradì mai quell'appuntamento fu Francesco Sartor detto Checo de Marùf. Andò a Padova ogni anno finché le forze lo sorressero. In tarda età, vecchio e malandato, si arrese ma la sua fede nel santo non venne meno.

Ora torniamo ad agosto, mese di processioni, patroni e fiori. San Bartolomeo ci rappresentava, per i credenti ci proteggeva pure. Ma nulla poté contro la prepotenza dei miliardari, imprenditori della corrente elettrica, che vennero quassù a rubarci la terra, innalzare una diga e ammazzare duemila persone.

Nonostante tutto la gente seguitò a credere in lui.

Per san Bartolomeo apostolo si coglievano addirittura stelle alpine. Le più belle e grandi crescevano sulla cresta orientale del Buscada, una lama di pietra che mena alla vetta della Palazza. Un passo falso su quella via e si finiva trecento metri più in basso, sul sentiero di malga Bedin. Ma, per il patrono, i temerari non mancavano.

Il percorso di ogni statua era sempre lo stesso, accompagnato dai ritmici e quasi ossessivi colpi del *campanòt*. Finite le messe del mattino e le processioni pomeridiane, gli uomini si buttavano nelle osterie. Ce n'erano una quindicina, comprese quelle private dal sentore abusivo. Verso sera, da quei bar accoglienti e primitivi uscivano canti di ogni tono, non di rado scurrili e volgari, dove la donna pagava conto. Terminate le baldorie, il giorno successivo si tornava alla montagna, ai lavori dei campi, al *dorch*, alla legna stesa nei boschi mesi prima, lasciata come usava dire "in catena": le piante venivano abbattute in calo di luna, venivano poi sramate dalla base fino a tre quarti, lasciando un ciuffo in cima di circa un metro. Questo ciuffo ultimo, per non morire tirava le linfe dell'albero verso di sé. Così che dopo qualche mese il tronco era asciutto, mentre la punta in alto rimaneva ancora verde. Poi, quando non c'era più niente da succhiare, moriva anche lei. In questo modo si otteneva legna da ardere di eccellente qualità.

Quando era da venderla, la regola del ciuffo non valeva più. Si tagliava e si consegnava velocemente. Un mese di ritardo e il carico pesava meno e i soldi in saccoccia pure.

San Bartolomeo, essendo stato spellato vivo, godeva di più affetto da parte dei valligiani. Anche san Rocco, ma quello si era ammalato da solo, invece l'altro fu preda di assassini.

Poi toccava alla Madonna esser portata a spasso. Vigeva un detto per la raccolta delle nocciole ed era legato a lei, la madre di Gesù: "*La Madona de Aòst, le nusèle le ha'l scè ros, la Madona de setèimbre le nusèle le ha'l scè nèigre*". Tradotto è questo: "Alla Madonna d'agosto le nocciole hanno la testa rossa, alla Madonna di settembre le nocciole hanno la testa nera". Significava che le prime erano abbastanza mature, ma non del tutto. Le seconde erano perfette. Allo stesso modo si coglievano sia quelle dell'una che dell'altra Madonna. Le mettevano al sicuro nelle intercapedini dei letti di ciliegio, bardati con paglioni che le tenevano al caldo. Il nostro dolce, molto saltuario, dipendeva da quel frutto. Le vecchie facevano caramellare zucchero e miele, vi aggiungevano una manciata di nocciole e mandavano a cuocere il tutto insieme a un quarto di vino. Una volta raffreddato, il composto assumeva consistenza di ghisa. Ma allora avevamo denti buoni, e si frantumava quel dolce con grande piacere. Mi viene in mente la poesia del Pascoli: "Frangean la biada con rumor di croste". Noi frangevamo quella mistura acciaiosa con rumor di stecchi spezzati, rami secchi, per maggior esattezza.

La processione con la Madonna portava con sé qualcosa di bello, allegro e pieno di speranze. Anche "sant'Antoni", se pur in misura minore, comunicava sensazioni positive. Gli altri, invece, Bartolomeo e Rocco, vuoi per le personali vicissitudini, vuoi per la drammaticità delle statue che li raffiguravano, lasciavano nel popolo un che di oscuro che pareva presagire tragedie.

Ma questo era agosto, mese di processioni, patroni e santi, bisognava prendere quel che offriva.

Una volta cresciuti, i miei amici e io, ormai diciottenni, cominciammo a portare le statue per le vie del paese. Eravamo piuttosto fieri di quell'incarico, sognato fin da bambini. Oggi quei compagni di vita, avventure e progetti mai andati in porto sono tutti scomparsi. Di miei coetanei, nati nel 1950, non ce n'è quasi più. L'ultima volta che abbiamo portato insieme la statua d'agosto è stato più di vent'anni fa. Eravamo Silvio, Carle, Armando e io. Piero Caporal, l'altro Carle e Basili davano i cambi. Ma alle stanghe ci stavamo noi, orgogliosi. Poi, uno alla volta, in silenzio, gli amici se ne sono andati, lasciandomi solo alle stanghe. Allora ho capito che era tempo di lasciar spazio ad altri.

Un agosto lontano nel tempo ma vicino nei ricordi, andai con mio nonno sui pascoli di Zanolina a prendere un carico di fieno. Avevamo la slitta più il *caredél*, aggeggio a due ruote di ferro per spostare la slitta sulla carrozzabile. Era il giorno della Madonna, però il vecchio non rispettava le feste. Aveva fede, ma il lavoro veniva prima. Rientrammo subito dopo la processione. In paese brillava l'allegria. Accanto all'osteria Pilin un banchetto di giocattoli ingolosiva bambini. Notai un'automobilina di latta e chiesi al nonno di comprarmela. Ci provò. Lo vidi trattare con l'omino dietro al banco. Dopo un po', dondolando la testa, venne verso di me che facevo guardia alla slitta. Disse: «*No se pu*». Tradotto: "Non si può". Portammo il carico al fienile e non se ne parlò oltre. Mi accorsi che rimase avvilito assai. Quando qualcosa era inaccessibile alle tasche di quell'uomo, giustificazioni e chiacchiere consolatrici non servivano. Finimmo da Pilin, lui a bere, io a sbirciare il banchetto.

Ho imparato da piccolo ad accettare le sconfitte, rinunciare in un lampo ai sogni che per qualche attimo si palesavano vicini. Tali rinunce dolorose ma serene mi sono servite poi nella vita. Capisco al volo quando non c'è da sperare. In un baleno afferro quella bolla di sogno, chiudo la mano a pugno e le faccio fare *puff*. Senza soffrire né pensarci più. Dolore, delusioni, umiliazioni sono difficili da accettare, ma col tempo ci si allena fino a ridurre i danni al minimo. Oggi che ho passato i settantatré e la vita inizia ad andare dall'alto verso il basso, memore di tante rinunce, quasi quasi rimango male se realizzo qualche buon sogno. Soprattutto quando vengono facili.

Passate le feste d'agosto s'affacciava la malinconia. Settembre stava dietro il larice e con esso l'autunno imminente. Le erbe che erano rimaste in piedi lentamente chinavano la testa. Valeriana e passiflora mandavano quell'odore acre di conclusione vita, segnale indiscusso di estate finita. "*La prima piòa d'aost la refressa 'l bosch*"[27] si dice quassù. La gente percepiva cambiamenti. Sapeva che da lì in avanti le preoccupazioni per l'inverno in arrivo aumentavano, i visi si allungavano, i canti si spegnevano, il silenzio girava intorno.

Il passaggio alla tristezza durava poco, c'era da fare, organizzare, decidere, bando alle ciance malinconiche. Il *dorch* stava nei fienili, le patate occhieggiavano dalla terra riarsa e polverosa, il sole iniziava a carezzare la testa al monte Toc. Sempre più basso, girava dietro la montagna della tragedia, che non l'avrebbe mollato a cielo libero se non il 21 gennaio, quando l'astro di luce

[27] La prima pioggia d'agosto rinfresca il bosco.

transitava di nuovo sopra la vetta. Quel giorno in paese era festa grande. Il Toc era una meridiana naturale che segnava l'alternarsi di mesi e stati d'animo.

Le *fasolère*[28] nel frattempo si erano arrampicate fino al termine dei bastoni alti due metri e mezzo. Dondolavano alla brezza della sera col loro carico di baccelli appesi ai fili. Agosto concedeva di cogliere solo quelli freschi, da consumare subito. Lessati prima, poi conditi con cipolla, aglio, sale e pepe, diventavano pietanza da ripetere più volte. Verso fine mese veniva il periodo delle minestre di fagioli, latte e riso. Ricette semplici, povere, ma ricche di inventiva e fantasia. Ne mangiavamo una terrina dopo l'altra con avidità e fame. Per le minestre i fagioli si cuocevano a parte. In un'altra pignatta andava latte allungato con un po' d'acqua, riso e quanto bastava di sale. Alla fine si mischiava tutto insieme e si faceva bollire fino a ottenere una consistenza melmosa. Ancora un po' di acqua bollente ed era fatta. Per concludere, alcune manciate di formaggi tagliati a pezzettini, e via di cucchiaio.

Qualche anno fa, memore di tali abbuffate giovanili, chiesi a Polonia della Gaia che mi cucinasse una di quelle minestre dimenticate. La mangiai quasi con fatica, non era più la stessa pietanza né la stessa emozione. Forse mancava quella fame. Evitai così di impegnarla facendole cucinare le zucche con farina e fagioli, altra ricetta d'agosto. Mi risparmiai la seconda delusione.

Comunque si procede in questo modo. Lessare le

[28] La pianta di fagioli che s'arrampica.

zucche e fare una poltiglia da mettere nella pignatta. Idem per i fagioli. Aggiungere acqua e farina e mischiare come per fare la polenta. Infatti è una polenta. Cotto l'assieme per almeno tre quarti d'ora, lo si versa su un ampio tagliere dai bordi rialzati. Con il mestolo si deposita la porzione desiderata in una terrina, si versa sopra latte freddo e si mangia prendendo metà di una e metà dell'altra roba.

Oggi quassù nella terra ripida sono apparsi alcuni ristoranti. Mi piacerebbe se ogni tanto proponessero quelle antiche ricette ai turisti. Da non dimenticare, tra queste, il salame fresco fritto in burro, spruzzato con un po' di aceto e messo su letto di polenta quasi liquida. O il mitico Pestìth: rape bianche sbollentate appena un po' e lasciate a macerare in tini di larice per qualche mese.

Ma questa è materia che appartiene a novembre e non si può anticipare nulla. Nel frattempo agosto cedeva il passo a settembre, il calendario dei sentimenti perdeva un'altra pagina e prendeva un'altra piega.

Settembre

mese di grappe, raccolti e pulizie boschive

"Settembre, andiamo. È tempo di migrare" cantava D'Annunzio. Quassù nel Nord, i migranti invece tornavano a casa. Soprattutto i gelatai dalla Germania, alcuni anche dall'Olanda. Partivano a marzo, e la loro stagione finiva a settembre inoltrato. Erano da vedere le loro facce allegre, gioiose per il ritorno alla terra natia.

Come a non voler dimenticare le vecchie abitudini, si davano subito da fare. Chi nel bosco, chi nei campi di patate, chi andava a caccia. Altri prendevano in mano lavori di artigianato, mestieri imparati da giovani e mai dimenticati. Quello che per gli stanziali era lavoro, per loro, dopo sette mesi di lontananza, diventava passatempo. Agivano senza fretta, godendo ogni istante di quel tornare indietro a fare ciò di cui il bisogno di guadagno li aveva privati. Alcuni avevano accumulato soldi, non per questo si atteggiavano a ricchi. Sapevano da dove erano partiti e volevano in tutti i modi conservare un seppur minimo aggancio a quel mondo.

Esiste un testo di Borges nel quale si descrive un uccello, mito dei boscaioli canadesi, che vola all'indietro. Perché non gl'interessa dove andrà a finire, bensì ricordare da dove è partito.

Quindi settembre era mese di ritorni, come marzo lo era di partenze. Si facevano i primi raccolti di una certa consistenza: verze, zucchine, melanzane, granturco, anche se, a dire il vero, molto si otteneva anche dai mesi prima. Qualcuno si recava nella bassa a prendere uno o più caratelli di acquavite. Serviva per metterci la frutta d'autunno, qualsiasi tipo. In grandi vasi di vetro, assieme ad abbondante dose di miele, finiva dentro di tutto: pere, mele, susine, cotogne, erbe apposite per gli aromi, tutto rigorosamente con la buccia. Dicevano i vecchi che sta proprio nella buccia la vera forza della natura. E così facevano mangiare a noi bambini anche le scorze di formaggio e delle zucche lesse.

Quel tempo di settembre serviva a procurare sonno. Non che si dormisse di più in quel mese, tutt'altro, ma serviva a preparare i sonniferi. Si coglievano valeriana e passiflora facendole seccare all'ombra per qualche giorno. Andava bene anche sopra il camino, dove si mettevano i pestasali a stare lontani dall'umido. Una volta resa croccante, con la valeriana si faceva un decotto che fungeva da sonnifero. Lo davano ai bambini inquieti o impauriti da qualcosa. Alla sera, prima di andare a cuccia, si trangugiava una scodella di quella roba lì. Per gli adulti che dormivano poco, la facevano più forte.

Ricordo che fin da piccolo mi chiudevo nel sonno

solo qualche ora. Ho bevuto ettolitri di valeriana fino alla maggiore età. Ma non è servito. Oggi che ho passato i settantatré, seguito a non dormire. Al massimo tre ore, a volte quattro. Buono per me così, ho vissuto il doppio. Ricordo però volentieri, e con qualche nostalgia, le tisane di settembre propinate dalla nonna in una ciotola di legno tornita dal nonno accanto al focolare.

Durante tutto il mese si preparavano i terreni a ricevere la neve. Sui prati ripidi e sui campi altrettanto pendenti, rotolavano sassi e zolle mosse dalle piogge dopo gli ultimi tagli del *dorch*. Partivano dalle rocce soprastanti che circondavano il paese.

Qui da noi i pascoli si spingono fino alla base delle montagne e fanno loro da calzini. Li cambiano a ogni stagione. Verdi in estate, rossi d'autunno, bianchi d'inverno e gialli in primavera. Calzini fatti a mano da Madre Natura. E quei piedi dovevano essere lindi e belli all'inizio di ogni autunno. Così toccava a settembre fare le pulizie. In verità, più che a lui, alla gente, ai contadini, uomini e donne, e ragazzotti un po' fannulloni.

I sassi, anche i più piccoli, venivano cercati attentamente, girando su e giù, e in lungo e in largo i coltivi. Le donne li raccoglievano uno per volta, depositandoli nella gerla portata al seguito dagli uomini. Appena carica, li depositavano sui confini bassi dei campi e dei prati, disponendoli in lunghe righe, che sarebbero servite a contenere la terra in scivolata, o qualsiasi cosa rotolasse a valle. Lo stesso valeva per le zolle, alcune delle quali a volte piuttosto grandi. Richiedevano attenzione, non andavano spezzate. Venivano deposte sulle file di sassi per nasconderli, pressandole coi piedi fino a ottenere una striscia di terreno coltivabile. Vi si seminavano di solito fragole ma anche, dopo averle riempite di letame, zucche.

Non di rado il vento del nord a settembre spazzava le valli per avvisare che nel suo fiato circolava l'autunno dei monti. Strappava arbusti e cespugli trascinandoli sui coltivi, dove ballavano intorno finché Eolo non s'addormentava. Al mattino i contadini li ammucchiavano in un punto usando forconi e mani da sterpicatore. Poi davano fuoco al mucchio, controllando attentamente che le fiamme non scappassero. Seguivano con l'occhio il fumo per capire se andava al verso giusto. Vale a dire se il resto dell'anno veniva buono o cattivo, se sarebbe caduta tanta neve o poca, se le fatiche avrebbero dato buon raccolto o meno. Stessa attenzione per i fumi dei falò della Befana. Era un modo poetico e semplice per interpretare la vita, anche se molto raramente avvenivano le cose eccellenti che aveva promesso il fumo. Se le patate erano piccole si dava la colpa all'aver pregato poco.

La cenere delle frasche trascinate dal vento veniva dispersa sul campo o nel prato, per usarla a mo' di concime. Tutto tornava alla terra: dal letame alle foglie, dalle scorze degli alberi alla segatura, dalla cenere agli scarti minuti del legname lavorato. Si creava un percorso di andata e ritorno, un cerchio magico dove nulla veniva sprecato. Ciò che moriva veniva sparpagliato sulla terra per dare in seguito nuova vita.

Ricordo con affetto quei riti arcaici, quei gesti pieni di fede e gratitudine, quel mondo semplice e ingenuo dove Dio vigilava su tutto a proteggere le anime stanche. Davano ragione a lui anche quando le cose venivano storte.

Verso il 7 del mese, a volte anche più tardi, tornavano le vacche dalle malghe. Molti padroni del bestiame si recavano di persona alle casere per accompagnare a casa i loro animali. Erano come figli. Prima del rientro, le stalle di paese venivano pulite, lavate, messe a punto per ricevere mucche, capre, vitelli e maiali cresciuti alla malga. Operazione ultima, una bella disinfettata di calce viva su muri e soffitti.

Al ritorno dagli alpeggi, le vacche venivano imbandierate con rami di pino mugo e qualche fiore che non aveva ancora piegato la testa. All'entrata in paese suonavano le campane per la festa del ritorno. Occorreva brindare. Brindavano eccome! Malgari e garzoni, contadini e boscaioli, donne e vecchi, e nel mio caso anche bambini, battevano le osterie del villaggio. Io seguivo mio nonno, che mi faceva assaggiare.

Questo era settembre: ritorno di emigranti e giornate corte, di bestiame e venti impetuosi. Ma anche tempo di inizi: ricominciava la scuola, con grande disappunto di noi bambini, che faticavamo a starcene rinchiusi tra quattro mura dopo mesi con i prati nelle gambe e il cielo sopra la testa.

A settembre c'era anche chi se ne andava, come gli uccelli di passo e le rondini. A quel punto i cacciatori s'appostavano in rudimentali capanni, aspettando le prede, attirate sul posto da un uccellino in gabbia che cantava, giuda ignaro e incolpevole. Passava di tutto e su tutto sparavano. Ma non era mero esercizio sportivo di uomini annoiati, bensì fame di povera gente, che cercava di arrotondare. Incrementavano il poco che avevano.

Una caccia che oggi reputo orrenda era affidata a noi ragazzini. A settembre veniva stagione di archetti, micidiali trappole fatte con dello spago e un bastone di nocciolo curvato a U. Prima si preparavano le siepi, ben pulite e sramate da frasche e altri impedimenti. A distanza di qualche metro uno dall'altro, si piazzavano gli archetti, operazione da effettuare verso sera. La visita alle trappole avveniva al mattino. Quando l'uccellino si posava sullo stecco, questo cedeva nonostante l'esile peso della vittima e lo spago gli bloccava le zampe con un fulmineo scatto; la preda cadeva all'indietro spezzandosele entrambe. Così rimaneva fino al mattino, morendo durante la notte con grande strazio e dolore. Non ci rendevamo conto dell'atrocità di quelle trappole. Oggi capisco che era una pratica barbara, ma ci avevano insegnato così e quello si doveva fare. Altrimenti le gambe le spezzavano a noi. Undicesimo comandamento: ubbidire.

Settembre era il tempo che annunciava l'arrivo del freddo, verso sera lambivano le case le lunghe ombre dell'autunno. Portavano sul paese il silenzio dei monti in attesa di neve. La gente sentiva la malinconia delle cose passate, il ricordo dell'estate, del caldo, del profumo dei fieni essiccati. Per avere compagnia e consolazione, accendevano i fuochi nelle stufe e nei camini. Arrostivano caldarroste e scaldavano vino con cannella e chiodi di garofano. Ma di preferenza lo bevevano freddo.

Ci voleva forza, tenacia e rassegnazione per affrontare quei mesi da castigo, dove l'inverno durava sette mesi, il resto era estate.

Non torneranno più quei tempi, giova però ricordarli. Questo lunario della memoria si prefigge uno scopo preciso: ricordare. Il lavoro, le fatiche, la resistenza sul ripido lassù erano gesti d'amore, e come scrisse Iosif Brodskij: "Se c'è qualcosa che può sostituire l'amore, questa è la memoria". Memoria della neve, del sole, del vento, dei mesi che, uno dopo l'altro, componevano le stagioni. Le quali creavano gli anni e i destini di quella gente laboriosa.

Fino al 9 ottobre 1963, quando, alle ventidue e quarantotto, tutto finì. Ma questa è un'altra storia.

Tengo ricordo doloroso di un remoto settembre. Forse avevo dodici anni. Con mio fratello Felice stavo segando a mano un larice abbattuto dal vento. Uno di qua, uno di là... *ron ron*, il segone filava col suo russare faticoso. A un certo punto, facendo leva con un palo, mio fratello sollevò il tronco da sotto. Incautamente appoggiai la mano sul taglio che si era allargato. A Felice scivolò la leva, il mio pollice sinistro venne imprigionato nel taglio che si era richiuso di botto. Urlavo di paura più che dolore. Gridavo al fratello: «Alza, alza!». Sollevò di nuovo e il palo di nuovo scivolò. E fu peggio. Al terzo tentativo la manovra riuscì e potei estrarre il dito. Era piatto, sembrava quelli che oggi sono i sofficini Findus. Rimase così fino al giorno dopo. Pulsava al ritmo del cuore con fitte indescrivibili. Era, ricordo, la fine di settembre. Mio nonno osservò attentamente il pollice, e disse: «*Te fèlo mèl?*».[29] «*Èi.*»[30] Proseguì: «*Rìveto a tegnì 'l restèl?*».[31] «*Adès, no crei.*»[32] «*Varìssete in pressa, le da dhi a stradùra.*»[33] La *stradùra* erano le foglie cadute da raccogliere in ottobre per fare il letto alle mucche.

E così finiva settembre, e terminò anche quello che mi prese in trappola il pollice. Dietro l'angolo occhieggiava ottobre, desideroso di entrare dalla porta del vento e delle piogge. E dei roghi delle *fasolère,* che come le sterpaglie segnavano destini.

[29] Ti fa male?
[30] Sì.
[31] Ce la fai a impugnare il rastrello?
[32] Ora non credo.
[33] Guarisci in fretta, c'è da andare a foglia.

autunno

Ottobre

mese di foglie, patate e fasolère

In ottobre ai miei tempi faceva parecchio freddo. Mentre metto sulla carta le pietanze del calendario sentimentale, siamo a più di metà ottobre. Fa così caldo che qualcuno dice: «Non può essere; di sicuro verrà il terremoto». Qualche vecchio da noi è ancora convinto di questo, e vigila fino a tardi, al chiaro di luna. Per me va bene così, il caldo non mi stufa né mi sfibra. Amo anche il gelo, che solidifica le cascate permettendomi di scalarle con ramponi e piccozze. Insomma, ogni stagione regala i suoi frutti anche nello sport. L'inverno significa scialpinismo, rampicate invernali, ciaspolate, sci di fondo. E osterie.

Ma allora, quando ero bambino, tutto questo da noi non esisteva. Sport era tirare il letame sulla neve, produrre oggetti di legno per venderli, governare le mucche, fare il formaggio, battere il burro. E andare a scuola malvolentieri.

A ottobre le vacche erano tornate in paese. Dovevano sempre avere un letto di foglie, guai lasciarle nella poltiglia. Si accumulavano così grandi scorte di *stradùra*, come veniva chiamata la foglia d'autunno, in depositi accanto alle stalle. Andavano bene tutte tranne quelle di noce. Mai stramare le vacche con tali foglie. Perdevano immediatamente il latte. Il nonno controllava di persona quando svuotavamo le *brìnthie* o i sacchi di iuta. Guai se trovava qualche foglia di noce. Diceva che bastava una a rovinare tutto. Forse non era proprio così. Noi fratelli facevamo apposta a ficcarne dentro un paio, per vedere se il vecchio se ne accorgeva. Non c'era verso di ingannarlo. Faceva danzare i cumuli sollevandoli in aria col forcone a rebbi stretti. E le trovava subito. Perché le foglie del noce sono arroganti, amano farsi notare, sono chiassose, slabbrate, maleducate. Quando le tocchi fanno rumore, emettono voci di cartocci schiacciati dallo scarpone. Ecco perché il nonno le pescava subito: si rivelavano tossendo rauche. A quel punto scattavano punizioni nei nostri confronti. Cose blande come andare a nanna senza cena o riempire i secchi d'acqua alla fontana nel buio delle sere autunnali. Ma vuoi mettere? Fare un dispetto al vecchio ci ripagava di tutto.

Ricordo un episodio lontano nel tempo dell'infanzia. Il nonno ci mandò a raccogliere *stradùra*. Eravamo i miei due fratelli e io. Sopra di noi un cielo grigio, compatto e fermo prometteva neve. Faceva freddo, era verso la fine di ottobre. Il posto più vicino era il Col delle Pale, poco sopra il cimitero. Andammo lassù. Mio fratello Richetto aveva sei anni. Io dodici, Felice undici. Al posto delle *brìnthie* portavamo sacchi di tela confezionati appositamente dalla zia vecchia e sordomuta. Avevamo riempito i *sac da fuaja* quando iniziò a foliscare e dopo un quarto d'ora nevicava debolmente. Ci mettemmo sotto un abete a guardar cadere la neve. Tutti e tre, rannicchiati accanto all'albero, assistevamo all'arrivo dell'inverno, quando udimmo un passo che pestava rami e faceva frusciare le foglie secche. Arrivò da noi un uomo che riconoscemmo in Checo de Marùf. Era contadino, boscaiolo, artigiano e altro. Con gli anni diventai suo amico, ma quel giorno gli avremmo sparato volentieri. Ci guardò in silenzio con occhio torvo. Disse: «Sapete di chi è la terra qua intorno?».

«No» rispondevo io in qualità di maggiore dei tre.

«È mia» bofonchiò, «da qui fino in cima al Col delle Pale.»

«E allora?»

«Allora agn la stradùra le mea e adès la tornèi olà che lèi tolèta.»[34]

Lo disse in tono così minaccioso che ci spaventammo parecchio. Svelti svelti svuotammo i sacchi in quel sottobosco dove li avevamo riempiti, mentre la neve cominciava a coprire quelle foglie che erano il misero corpo di reato. Con tanta rabbia e umiliazione, coda tra le gambe, tornammo a casa. Stava ormai nevicando fitto, non era caso di insistere a raccogliere *stradùra* altrove. Mentre scendevamo dal Col, riuscimmo a sentire il vocione del Checo che bestemmiava contro i ladri di foglie.

[34] Anche la foglia è mia, e ora la rimettete dove l'avete presa.

A casa, ci aspettavamo che il nonno ci desse ragione, invece la diede al padrone: «Ha fatto bene, dovevate chiedergli il permesso».

Alcuni anni dopo, passata la rasoiata del Vajont, dai paesi che ci ospitavano come sfollati tornammo al villaggio natio. Uno dei primi a rientrare fu proprio il Checo. Non avevamo nemmeno la corrente elettrica, bloccata dall'Enel per punire la decisione di tornare. Ma la vile mossa non ci impedì di restare ed eravamo contenti anche al buio. Fu in quei tempi che, sedicenne, iniziai a frequentare Checo. Lo seguivo per osterie, a bere vino. Ogni tanto gli rammentavo l'episodio delle foglie. «Ti ricordi quando coi miei fratelli...?» Ma lui troncava il discorso con un secco: «*Valà tès, cetìn*».[35] Probabilmente si vergognava di aver infierito su di noi a quel modo.

A ottobre si cavavano le patate dai campi a pendenze improbabili. Si usava un attrezzo apposito detto *sapòn da patate*: un picconcino sottile che terminava con due lame a U laterali, opposte l'una all'altra. Il manico, lungo un paio di metri, era in frassino. Nelle famiglie esistevano diversi *sapòn*, a seconda della bisogna. *Sapòn* significa "piccone". C'era quello da sassi, quello da terra, il *sapòn da ledàn* (letame). Poi c'erano le femmine: le *sape* o *saponèle*. La *sapa da ledhrè*, la *sapa da sarì*, la *sapa da ère*.[36] Tutti questi attrezzi entravano in gioco a ottobre. Alcuni anche in primavera. Le *sape* erano piccon-

[35] Va là, sta' zitto.
[36] Vangare.

cini corti a lama in forma di cuore e due brevi rebbi sul lato opposto. In pratica delle normali zappe modificate dai fabbri-contadini a servizio di certe necessità e per ottenere determinati risultati. Tali utensili non si trovavano nei negozi agricoli o nelle ferramenta. Erano prodotti speciali, usciti dalla fantasia degli artigiani che sapevano cosa servisse per muovere la terra in un certo modo. *Sarì* e *ledhrè* le patate sono verbi intraducibili in italiano. Il primo significa accumulare un po' di terra attorno alla piantina in crescita. Il secondo è liberare e dare fiato alla stessa quando è già grande e sviluppata. Queste due operazioni erano fondamentali per l'energia vitale e lo spessore del tubero. In teoria dovevano servire a controllare la crescita, affinché non diventassero né troppo grandi né restassero troppo piccole. Poi la natura procedeva a modo suo, faceva quel che doveva fare, incurante di preghiere, di *sarì*, *ledhrè* e altre superstizioni contadine.

A ottobre toccava ai fagioli esser raccolti. Si erano arrampicati sui bastoni di nocciolo per oltre due metri, ora aspettavano di scendere e finire nelle ceste. Si attendeva il termine di ottobre, affinché le piante rampicanti seccassero sui bastoni. Si toglievano dal sito di piantagione deponendole a bordo campo in grossi fasci. Dopodiché, con il ronchetto partendo dall'alto, si liberavano dalla bardatura detta *fasolèra* che portava appesi i frutti. Ora iniziava il lavoro di pazienza. Uno alla volta i baccelli venivano strappati dalla pianta madre e deposti nella grande cesta di vimini. A questo punto la *fasolèra* era trascinata a centro campo con la destinazione di cui dirò.

I fagioli, raccolti in grosse ceste, le stesse assemblate coi virgulti di maggio, erano il passatempo delle sere autunnali. Ovviamente per noi ragazzini. Però, a un certo punto, diventava lavoro noioso, all'apparenza senza fine. *Desfregolè fasùi* era l'arte di togliere i fagioli dai baccelli. Dopo un po' facevano male le dita e le unghie. E augurarsi fossero nuovi, teneri e freschi. Quando seccavano, diventava impresa ardua sfogliare i cartocci chiusi a riccio per difendere i loro figli.

C'erano varie qualità di fagioli, in base a questo venivano posti in sacchetti separati. I primi del raccolto venivano lessati fin quasi a farne poltiglia. Messi in larghe terrine, si sminuzzava sul mucchio abbondante cipolla tagliata fina. E aglio, sale e pepe abbondanti, olio e aceto a farli nuotare, e la primizia era pronta. Ricordo con una certa acquolina le mangiate serali di quei pastoni accompagnati da pane vecchio da fare le scarpette.

Altro raccolto importante d'ottobre erano le noci. I vecchi aspettavano cadessero da sole, noi partivamo a batterle coi bastoni. Le sbucciavamo con le mani riducendocele di un color marrone scuro che durava mesi. Averle così era un vanto. I vecchi ci davano dei matti. Dicevano che non era necessario salire sul noce. Lo consideravano uno dei tre lavori inutili, che erano questi: spalare neve, uccidere gente e battere i rami per far cadere le noci.

Si facevano tante cose con quel frutto. *In primis* il nocino, liquore costruito alla buona, ma molto desiderato quando non c'era altro di meglio. Poi le solite stecche di mandorlato fuse nello zucchero arrostito con aggiunta di miele. Si consumavano anche così com'e-

rano, alla sera, accanto al fuoco, spaccandole con un legnetto sul ceppo delle asce. Ricordo mio nonno che era senza denti. Le riduceva in poltiglia nel pestasale, poi le succhiava accanto al fuoco, mentre raccontava storie a noi bambini.

Fuori casa imperava l'autunno, ma nell'aria circolava già l'inverno. Lunghe sere d'ottobre a scaldarci corpo e anima davanti alle fiamme, che giravano a spirale se il tempo era buono, o si spandevano a ombrello se la bassa pressione le schiacciava annunciando brutto. Non è che il nonno parlasse troppo, tutt'altro. Certe atmosfere però lo scioglievano e si metteva a contare storie. Ci diceva della sua vita, della fame, delle fatiche. Erano storie per farci stare male, cupe, da sorbire in silenzio. Nonostante ciò, per noi era un momento importante.

Poi un giorno, di tardo pomeriggio, si andava ai campi a bruciare le *fasolère*, già preparate in grossi cumuli pronti a rivelare il futuro. Uno alla volta, venivano incendiati e, come per le sterpaglie, l'andamento dei loro fiati segnalava fortuna o disgrazia, salute o malattia, amore o solitudine. Le predestinate al rogo erano grovigli a spirale tipo fildiferro, secchi da scricchiolare tra le mani, attorcigliati, ingarbugliati, riottosi al minimo tocco. In piedi attorno ai cumuli, aspettavamo che un vecchio accendesse il fiammifero e lo infilasse sotto le *fasolère*. Prendevano in un secondo. Saliva nell'aria prima una specie di sbuffo e poi le fiamme diventavano alte e potenti. Duravano poco, come ogni fuoco di paglia, come ogni amore che divampa senza controllo. Un crepitio quasi insopportabile grattava le orecchie, mitragliate di scoppi si susseguivano, ma nessuno ci badava. Occorreva osservare il fumo, tenere d'occhio da che parte andava. Credenze di tempi remoti, dove le varianti della fede paesana erano più importanti della fede stessa. Si pregava per aver patate, si bestemmiava perché non erano venute, o erano piccole.

Il rogo, dopo una violenta sfuriata, in un quarto d'ora si esauriva, fili inceneriti volavano per aria e altri piegavano la testa, sfarinandosi in polvere.

Quei falò primitivi, ricchi di mistero, magia e fascino, rappresentavano l'uomo, con le sue vampate di violenza, ira, colpi di testa, reazioni improvvise e brutali che dopo lo sfogo si chetano. Con la differenza che le *fasolère* non lasciavano danni, l'uomo sì.

Se i vecchi si abbracciavano dandosi pacche sulle spalle, il fumo era andato al verso giusto. Se invece si allontanavano a testa bassa, guai in vista: inverno da castigo, raccolti magri, soldi pochi, e perché no, disgrazie. Oggi mi viene da sorridere al ricordo delle *fasolère* ma quelli, se il fumo girava male, avevano paura sul serio.

Alla fine del rito, un addetto apposito, con rastrello di ferro, si occupava di spargere la cenere ancora calda sul campo irrigidito, spaventato dalle fiamme. Il sole, nel percorso basso, stava già nascosto dietro il monte Toc. L'aria tagliente della sera sollevava brandelli di cenere dispersa, le ombre s'allungavano lente. Uno dietro l'altro, in fila indiana, si tornava verso casa pensando a un altro fuoco, questa volta nel camino. E magari anche a noci da sgranocchiare mentre il nonno raccontava storie.

Per il mese di ottobre vigeva un detto: "*San Simòn, bore a tassòn, manère a casòn*". Significava: "Il giorno di san Simone voleva la legna in catasta e la scure nella baracca". Ma era soltanto un modo di dire, in verità quasi mai rispettato. Potevano andare via dei novembre senza neve, o con molto poca, allora si tagliavano ancora piante da ardere. Soprattutto i boscaioli che la legna la vendevano. Chi invece s'accontentava della quantità per la famiglia osservava la regola e smetteva a san Simòn, il 28 ottobre.

La legna di quel mese, segata e spaccata, s'accatastava a solivo, cioè con la faccia rivolta a sudovest. Metri cubi accumulati lungo i muri, coperti da lamiere e scandole. Al massimo due file appaiate, affinché l'aria filtrasse meglio. Carpino e faggio, qualche betulla per accendere. La corteccia di questa pianta s'incendia come benzina. Quando la neve alzava la testa, davanti alle cataste venivano poste altre lamiere, affinché lo stravento non bagnasse la legna. Tutto materiale tagliato in luna calante.

In luoghi asciutti, stavolta al riparo dalla luce e dal sole, veniva posto il legname da lavoro. Roba per piccoli oggetti: manici di scure, zappe, zappini, rastrelli, picconi. O quello da tornio e artigianato vario, che era ciliegio, frassino, tasso per arcolai, acero e via così. Devo aggiungere che si tagliava anche in pieno inverno, usando i canaloni ghiacciati per far scivolare i tronchi a valle.

Ricordo quei tempi con dolcezza solo adesso che non esistono più. Ora che sono vecchio e il sentiero s'accorcia, mi sembra di esser vissuto in una fiaba. Anni difficili, raggrumati da mesi che avevano ognuno durezze diverse. Ma anche, qua e là, nei giorni buoni, dolcezze inaspettate, qualche gioia, e fatti da ricordare lungo i silenzi degli inverni.

Ottobre era un mese speciale, apriva la porta alla stagione ostile, sbirciando tra le fessure dei solai la si poteva intuire. Più che intuire, vedere. Sulle vette dei monti, dal lato a settentrione, c'era già neve. Mentre butto giù questo calendario sentimentale, sto vivendo un ottobre che sembra giugno. Lontana è ancora la porta dell'inverno! Sulle cime niente neve, le foglie hanno preso i colori di sempre, ma stentano a cadere. Il caldo le tiene ancorate, ci vorrà un vento di frasche a strattonarle, o la pioggia, che ne strappa più di lui.

Il clima è cambiato, si adegua ai tempi, vuole stare bene, evita il freddo. Salvo arrabbiarsi d'improvviso e provocare finimondi. Allora non tira via foglie, sradica e rovescia alberi, allaga città, spella pendii con frane, disossa la terra. Dodicesimo comandamento: arrangiarsi. Se vogliamo, il tredicesimo è prevedere, prevenire, prepararsi.

Vengo da un mondo in cui tutto s'immergeva nel sacro. Lo scorrere del tempo veniva guidato da riti ancestrali, magie, superstizioni, credenze che spesso sfioravano il demoniaco. A san Simone, verso sera, si accendeva il grande falò brucia disgrazie. Come quello di san Giovanni. Si gettavano tra le fiamme, senza che le interessate lo sapessero, oggetti appartenuti a donne ritenute in odor di stregoneria. Poteva essere qualsiasi cosa: un fazzoletto rubato dal filo stendipanni, una calza sottratta al lavatoio. Anche minime robe, tolte senza farsi notare dalle case di quelle supposte streghe. Il fuoco d'ottobre doveva incenerire le malegrazie, invece rimanevano tali e quali. Per eliminarle bastava comportarsi bene gli uni con gli altri, le une con le altre. O, a mali estremi, bruciare se stessi.

Sulla montagna, specie quella isolata dal mondo civile per secoli, si tendeva imputare a forze misteriose ogni sfortuna, ogni danno, compresi malattie e incidenti. Andava a male il latte? Era apparsa una *strìa*. Se quel latte inacidiva per averlo curato male, ma nel frattempo in casa era entrata un'amica della padrona, addio reputazione. Quella povera, ignara visitatrice veniva marchiata a vita come strega. Si bruciava salvia per scacciare l'ombra dai muri. Al contrario, qualcuna diventava santa. Metti che un bambino avesse la febbre e, dopo la visita di una donna, gli passava perché doveva passargli, quella donna era una santa, palesatasi apposta per guarire.

Il mese delle streghe apparteneva a ottobre. Tutto lassù era superstizione e qualcuno, ahimè, pagava care queste credenze.

Di notte, coi binocoli, scrutavano il monte Porgèit per vedere se brillavano i falò dei sabba. Se non brillava niente, bastava che un buontempone come Bito forasse il buio delle notti autunnali e ne accendesse uno: la frittata era fatta. Paure, ansie, preoccupazioni, salvie incenerite e sante messe ordinate al prete. Il quale guadagnava bene con le superstizioni dei monti! Dove c'è una paura, là c'è un guadagno. Perciò si guardava bene dal dire loro che erano tutte stupidaggini. Tenere ogni tipo di fedeli nella paura del dubbio significa averli in pugno. Guai rivelare, istruire, insegnare, liberare dal demonio e dall'ignoranza. Ciao guadagni!

Io penso che se anche i ministri di Dio avessero indottrinato quei superstiziosi folli, dicendo loro che le credenze erano tutte balle, i montanari non ci avrebbero creduto. Come in una tragica sindrome di Stoccolma, volevano restare con il nemico, averlo vicino, conviverci. In poche parole, farsi far male.

Ottobre era mese che preparava all'inverno. Mentalmente si facevano progetti, qualche sogno, si pensava al Natale. Occorreva però trascorresse novembre, il più ostico di tutti. E anche noioso nel suo andare di giornate brevi e notti interminabili. Era un mese senza fantasia, con un tono lugubre che iniziava il giorno dei morti e se lo portava appresso. Non si vedeva l'ora che se ne andasse. Ancor oggi nella mia testa novembre risulta insopportabile. Ma prima di dire di lui occorre accompagnare all'uscio ottobre, con i suoi venti frascosi e le piogge che strappavano foglie multicolori.

Novembre

mese di camosci, legna e cataste

Novembre iniziava onorando i santi. Tutti. Ma quassù, nelle terre estreme, i signori del calendario non erano molto festeggiati. Si preferiva il giorno dopo, quello dei morti. Ricordo Celio che nemmeno faceva un segno di croce, il 1° novembre. «Non li ho mai visti, quelli» diceva, intendendo tutti i santi. Invece il 2 novembre si recava, furtivo come la martora, al cimitero. Entrava che incominciava la sera. Seduto sul bordo della fossa, nel buio malinconico di novembre, accendeva qualche candela alla madre. Poi faceva il giro degli altri morti. Non voleva si sapesse che frequentava il camposanto, per questo lo visitava di notte. Soleva dire: «I santi non li conosco, mai visti. I morti invece li ho conosciuti. Non tutti, ma tanti sì».

Oggi che il ricordo del dolore non è più dolore, il giorno dei defunti passa alla spicciolata. Ma a quei tempi era giorno speciale: tornava gente da luoghi lontani, dove tanti erano emigrati per cercare vite migliori. Torino, Milano, Genova, Bologna, Como, Bergamo e altre città restituivano paesani affinché andassero a visitare i propri cari.

Nonostante la ricorrenza malinconica, che riportava i volti dei propri cari sullo schermo della memoria, il 2 novembre era giorno di festa. Si ritrovavano tutti, vivi e morti, in un abbraccio di ricordi, rimembranze, pacche sulle spalle e tappe d'obbligo all'osteria.

Il Natale non faceva altrettanto. Strano a dirsi ma ci vuole la morte per riunire gli sparpagliati. E così, il 2 novembre i cimiteri fiorivano improvvisamente come pascoli d'alta quota in estate. Dal paese distante un centinaio di metri, si poteva notare nella notte il bagliore rossastro dei ceri, accesi a centinaia.

C'era la messa della sera, celebrata dal prete al centro del camposanto, dove sta sepolto da oltre un secolo don Luigi Hofer, nativo di Sappada. Venne a celebrare da noi appena indossata la tonaca. In questo paese ripido, circondato da alte montagne e boschi tenebrosi, invecchiò e morì.

Dopo la messa ognuno, o più di uno, si soffermava sulle tombe dei propri cari, in silenzio, a testa bassa, con qualsiasi tempo. Giorni prima, i marmi delle lapidi erano stati lavati e lucidati come si deve. Non di rado ai primi di novembre la neve copriva le fosse. Veniva spalata accuratamente sepoltura dopo sepoltura, e puliti i percorsi che davano accesso ai morti.

In questo modo, quando ero ragazzo, iniziava il mese di novembre: con santi e defunti, passati a miglior vita. Poi, il giorno 3, tutto rientrava nella normalità, che significava lavoro, fatiche, progetti, sogni e fallimenti. La legna tagliata in luna calante di settembre-ottobre cominciava a essere lavorata, mentre i taglialegna "da vendita" tornavano nei boschi senza aspettare lune buone. Ma quella che serviva alle famiglie subiva trattamenti speciali. Segata in pezzi corti per le stufe economiche (circa venticinque centimetri), veniva prima spaccata in quattro, quindi accumulata in cataste perfette col muso rivolto a sudovest. Quella da caminetto aveva lunghezze varie, dai cinquanta ai settanta centimetri, subiva anch'essa il sole d'occidente.

A questo punto scattavano gare silenziose, non dichiarate a chi costruiva la catasta più bella, ordinata e precisa, dove nessun pezzo doveva sporgere dalla linea nemmeno un centimetro. Alcuni, dotati di fantasia creativa, mischiavano pezzi di colore diverso, tipo maggiociondolo o carpino nero, in modo che al centro apparisse un cerchio o altre geometrie. Celio, dotato di cinismo corrosivo, li pigliava per stupidi. Quando qualcuno, orgoglioso, gli mostrava la catasta si metteva a sghignazzare. «Tempo perso» diceva con la cicca spenzolante, «tanto impegno per farla, e poi? Disfarla. Siete proprio scemi.» Lui infatti non fece mai una *tassa* di legna. La ammucchiava in cortile, segata e spaccata, coperta da teli. Mano a mano che gli servivano, prendeva i pezzi e ricopriva il buco.

Fui d'accordo con lui per tanto tempo. Dopo morto, mi impossessai della sua regola come un'eredità e non eressi mai cataste. Finché un giorno, trent'anni dopo, chiacchierando con l'amico Mario Rigoni Stern, non cambiai idea. Eravamo a Malè, paese del Trentino, a parlare di boschi a gente che di boschi se ne intendeva già. Davanti alle case occhieggiavano cataste di ogni dimensione e colore. Scure, chiare, variopinte, alte, basse, lunghe. Mario disse: «Guarda che meraviglia, una catasta fatta bene abbellisce l'animo e il paesaggio».

Ironizzai con la mia vecchia regola: «A che pro farle per disfarle?».

Mario si arrotolò una sigaretta e l'accese. Dopo un po' disse: «Perché il bello richiede lavoro gratis. Non lo fai per te ma per coloro che guardano». Aspettò qualche attimo. «E vedono. Una catasta come si deve comunica l'idea di ordine, passione e bellezza. Un mucchio alla rinfusa significa scarso amore per le cose, la natura, e poco rispetto per gli altri.»

Ci pensai su. A casa iniziai a *intassare*[37] legna, e ho sempre seguitato a farlo.

Il grande Mario Rigoni Stern era nato a novembre, il 1°. Del 1921.

Nel penultimo mese dei dodici, i cacciatori spiavano i camosci. Ne osservavano il colore del pelo. Col primo freddo mutava da rossiccio a scuro. Quando era quasi nero veniva il momento di cacciarli. Di solito partivano in due o tre amici fidati.

Per tutto novembre e dicembre andavamo a camosci nell'alta Val Zemola, Bosconero, Brustolada, Pagnàch, Rodetìa, la Rithèa. Cercavamo i maschi più belli, grossi e possenti, col "pennacchio" alto una spanna sul grop-

[37] Fare le cataste.

pone e le corna da 120 punti.[38] Rari, appartati e misteriosi, era difficile scovarli.

I camosci, diventati scuri come tronchi di carpino nero, aspettavano inconsapevoli il soffio rovente della pallottola. Dell'animale si usava tutto. Le setole del dorso, opportunamente trattate, infilate in appositi tubicini di metallo, adornavano i cappelli da caccia. Come del resto le code dei galli forcelli. Con le zampe ungulate si facevano attaccapanni. Tutte le sere di novembre venivano impiegate a lavorare i trofei e confezionare gli oggetti sopra descritti, da vendere più di tutto nel Tirolo.

Parte della carne, salata e speziata, la si affumicava appesa sotto le cappe dei camini. Il resto si consumava direttamente, giorno dopo giorno. La testa dell'animale prima la si spellava, poi si metteva a bollire per ore in una pentola, con l'accortezza di lasciar fuori le corna, altrimenti si sarebbero scaldate fino a sfilarsi. Una volta lessata, con l'apposito coltellino si toglieva dal cranio tutta la carne, occhi compresi. Condita con olio, sale, pepe, aglio e cipolla tagliata finissima, era una bontà.

Si usa dire del maiale che non si butta via niente ma quassù, nei tempi di ristrettezze, valeva per tutti gli animali uccisi. Ho visto gente come il partigiano Palan, detto Stanga, mangiare volpi e martore. I ghiri li ho mangiati anch'io, sono speciali.

Parlare di queste faccende oggi, in tempo di animalismo esasperato, può risultare rischioso, soprat-

[38] Punteggio massimo che si dà ai trofei di caccia.

tutto per la fortuna di un libro. Ma allora la caccia significava sopravvivenza, proteine gratis, avventura e vita all'aria aperta. Le nostre macellerie stavano dietro casa, novembre dava inizio alle provviste. Non solo camosci ma caprioli, lepri, cervi e tutta la selvaggina di piuma.

Un novembre ormai lontano mio padre mi cercò. «Devi recuperare un camoscio» disse. «L'ho ucciso sulle spine delle Centenere, per portarlo a valle ho speso tutte le forze. Non potendone più l'ho nascosto sotto un larice, ai piani del Mandrìz, in Val Zemola. Vai a prenderlo tu.» Esprimeva una stanchezza così tragica e sfinita che mi convinse ad aiutarlo. Così mi recai ai piani del Mandrìz dopo aver capito bene il nascondiglio. Novembre stava per finire, in basso ancora non aveva nevicato ma pareva di sì. Una coltre di brina alta tre dita, incandescente all'ultimo sole e compatta, copriva pascoli e boschi. La feriva qualche pesta di martora e ungulati. Nella valle regnava il malinconico silenzio dell'inverno, dei lavori sospesi, dei boschi addormentati, delle cose perdute. Mi venivano in mente le scalate fatte d'estate, su quei monti ora tappezzati di brina e le punte appena innevate. Sentii nostalgia del caldo e delle belle giornate e, in quel momento, del caminetto di casa. Dopo un'oretta, provai rancore verso mio padre per avermi giocato uno scherzo che poteva costarmi caro.

Trovai la bestia sotto il larice. Subito m'accorsi essere una femmina, dettaglio non di poco conto, tenuto nascosto dal lazzarone. Tracce di scarpe a *grif* (ferrate) gironzolavano attorno l'albero dopo esser scese dall'alto.

Erano passi lunghi, e decisi, che non rivelavano stanchezza o sfinimenti di sorta.

Mi sorse un dubbio che presto diventò sospetto e alla fine certezza. Seguii quelle peste disordinate verso monte, e non feci molta strada. Duecento metri sopra, in un piccolo avvallamento a forma di conca, trovai congelato il *baldìn*, le interiora della camoscina. Ora, chi capisce un pochino di caccia, sa che la cosa urgente, da fare subito dopo l'uccisione, è liberare dalle interiora l'animale. Innanzitutto per portare meno peso ma, *in primis*, non danneggiare la carne. Quindi mio padre, esperto in materia, non aveva sparato alla bestia sulle spine delle Centenere, ma poco sopra il punto dove l'aveva nascosta. E allora perché non portarla a casa lui? Semplice: era una femmina e imbattersi in forestali o guardiacaccia con una femmina a tracolla erano guai seri. Così il vecchio bastardo aveva sacrificato me.

Quando gli manifestai il disappunto per quel gesto, addirittura si offese. Disse risentito: «Tu ancora non hai avuto processi per bracconaggio, io quattro. Se ti andava male toccava a te avere il primo. Bisogna pur cominciare, una volta o l'altra, o no?».

Non replicai, mi tenni la carne. Alcuni anni dopo, il vecchio collezionò il quinto processo. Io mi fermai a tre.

Novembre era il mese lungo e lo si annientava facendo lavori. Soprattutto artigianali. Ma anche altro, tipo rinforzare le tettoie della legnaia e pulire le canne fumarie. Se ancora non c'era neve, riparare una per una le scandole e le tegole dei tetti. Mettere le patate al caldo delle *canève*, coprirle con le foglie della *stradùra*.

I vecchi iniziavano a intagliare oggetti di legno, pratica che durava tutto l'inverno. Si vendevano a primavera, visitando i paesi porta a porta, compito riservato quasi sempre alle donne. Giravano per le strade a piedi, calzando gli *scufòns*, con gerle stracolme, oppure con carretti dalle ruote cerchiate in ferro. Fatiche e umiliazioni di ogni genere.

Novembre l'insopportabile, il lungo e noioso mese da far passare velocemente impegnandosi a fondo. I santi, i morti, i camosci, la legna, le cataste, i restauri, il calore delle stufe e attendere dicembre che portava il Natale. Gerani nelle *canève* per ripararli dal freddo, assieme alle patate e alle pannocchie di granturco pronte per esser sgranate con l'apposito attrezzo di ferro, da indossare come un tirapugni. I chicchi in grandi ceste di vimini fornite di maniglie. I falò dei cartocci vecchi, che riempivano i paglioni, sostituiti da quelli nuovi, freschi e croccanti, asciugati vicino al fuoco una brancata dopo l'altra.

Sere d'autunno al calore delle fiamme, uno accanto all'altro, tutti insieme in famiglia, con qualche vecchio che raccontava storie. Ogni tanto, appesa alla catena, una pignatta di vino bollente, profumato da spezie e zucchero, attendeva che qualcuno immergesse il mestolo a servirsi. C'era chi, più ingordo di altri, ne approfittava "mestolando" spesso. Finché una voce, che pareva sortire dall'ombra del camino, non lo fermava: «*Va pian*».

Sono le sere novembrine che ricordo, e che pensandoci mi portano dolcezze umili e semplicità scomparse per sempre. Mi domando come facevamo a vivere con così poche cose, scarsi mezzi, tre lampadine da venti candele, senza bagno né bidè, senza acqua calda. Una latrina di assi all'esterno, accanto alla concimaia. Sterco umano e sterco animale insieme, in attesa di esser portati nei campi a dar vita a futuri raccolti.

Ricordo che a novembre si seminava l'aglio.

Ogni tanto provo a interrogarmi con una domanda bislacca che forse non ha alcun senso. Mi chiedo: «Sarei capace oggi di vivere come a quel tempo?». Di campare con quel nulla, o ben poco, che ci sosteneva tutti? E senza lamentarci, anzi, essendo piuttosto contenti. La risposta è un no assoluto. Confesso che tale prova mi tenta non poco, ma sarebbe tempo perso. Resisterei forse un giorno, ma con fatica. Ma se tornasse miseria e difficoltà ce la farei.

Ricordo il fuoco di carpini scuri nell'affettuoso camino. Ci scaldava davanti, mentre otto metri dietro a noi, sulla parete opposta, l'acqua gelava nei secchi. Ghiaccio sottile come velo trasparente sopra l'acqua, ghiaccio di novembre che aspettava marzo a sparire.

Oggi, mentre ricordo il passato vergando un personalissimo calendario sentimentale, sono a metà del penultimo mese dell'anno. Giornate limpide, terse, solo un pelo di freddo. Sulla terrazza dell'osteria che frequento, durante il giorno ci si può abbronzare ai raggi del sole novembrino. Qualcuno mangia fuori. L'acqua non gelerebbe nei secchi.

Meglio lasciar perdere e tornare al mese interminabile, quello che precede dicembre col pastrano di gelo e il Natale nella gerla.

Il giorno di Ognissanti la credenza voleva che i morti tornassero alla sera nelle case dove un tempo abitarono e respirarono la loro vita. Il 2 novembre, le ore tarde e la notte erano dedicate a loro. A detta del paese, non è che i defunti riemersi occupassero camere o cucine, o sedessero ingombrando sedie e sgabelli. Tutt'altro. Si mettevano sotto le panche, invisibili ma presenti. Tanto presenti che, suggestionati e impauriti, noi bambini tiravamo i piedi sopra le panche mentre i morti stavano sotto. Ci pareva udirne i respiri, forse li sentivamo davvero.

Quella del 2 novembre diventava sera di silenzio e timore, la notte ancora peggio. Non si dormiva, la casa era invasa da ospiti invisibili. «Che abbiano fame?» chiedevamo. «No, i morti non mangiano più» rispondeva la nonna. Noi fratelli non eravamo generosi coi defunti tornati, tutt'altro: li temevamo. Proprio per questo offrivamo loro da mangiare. Per rabbonirli. Purtroppo non mangiavano e noi seguitavamo ad avere paura.

La liberazione dall'incubo avveniva il 3 novembre mattina, quando, finita la messa di accompagnamento, i morti rientravano al cimitero, infilandosi di nuovo nelle fosse. Così, molto più tranquilli, almeno riguardo a loro, trascorrevamo novembre con l'impegno scolastico del mattino, e aiutando i nonni nei lavori di casa al pomeriggio. Se ancora non c'era neve, si andava per bosco a raccogliere frasche secche, sramate dai pini abbattuti a primavera. Dopo alcuni mesi rimaste in terra, diventavano color rame. Gli aghi tintinnavano al tocco, duri e lucenti; essiccati dal sole e dal tempo, erano benzina pura.

L'intero novembre ci portava in giro a confezionare le *mane,* mazzi di frasche legate con fuscelli di nocciolo. Lunghe più o meno trenta centimetri, servivano ad accendere il fuoco. Erano ricavate appunto da quei rami di pino tagliati a primavera. Il bottino di novembre, accatastato in ordine sotto tettoie fuori porta, constava di un centinaio di *mane*. A volte anche più. Bastava un fiammifero acceso sotto, e con un *fuff* partiva il fuoco. Gli aghi s'incenerivano immediatamente, ma nel frattempo incendiavano i rami grossi ai quali stavano aggrappati.

Non vi è nulla di meglio delle *mane* per avviare il fuoco. Ricordo con piacere il crepitio a mitraglia della combustione, suono fissato nella memoria, indelebile, grato ai fuochi di quel tempo. Quando avrete una stufa e vorrete sentire quelle sventagliate, usate rami e legno di peccio, meglio ancora larice. Faville di soddisfazione cadranno sul bosco del cuore a incendiarlo. Il vostro animo starà bene, accompagnato da quella musica. Specie d'inverno, mentre nevica.

Quando giro per le montagne di novembre, a vedere i camosci scuri che si rincorrono, spesso accendo un fuoco di peccio. Il suo scoppiettio mi ricorda tante cose. Ad esempio l'ultimo che accesi con mio padre sotto la forcella Rudetìa, a ovest del monte Duranno.

Era già vecchio, stanco, triste e avvilito. Forse ne aveva ottantadue, non ricordo. Andammo a camosci, quando novembre stava per chiudere i battenti. Mio padre camminava adagio e in silenzio, fermandosi spesso. Il ripido non fa sconti ai vecchi. Traversammo le ostiche Porte di Gea decisi a scavalcare la forcella e dormire

nell'antro della vecchia. Vidi mio padre arrancare stanco. Gli presi il fucile per alleggerirlo.

Dissi: «Vuoi che ci fermiamo a riposarci un poco?».

«Magari» brontolò.

Si era già seduto. Accanto alla forcella s'apriva un antro annerito di fuliggine, storico rifugio di bracconieri e fuggitivi. Il cielo diventò latte cagliato, grigio e compatto, pronto a buttare neve. Poco sotto, un larice abbattuto dal vento alzava in aria i rami secchi come braccia di uomini impauriti che si arrendono.

Mio padre fumava a testa bassa, muto, serio. «*No ge la fath pi*»[39] disse. Ebbi chiara la percezione che sarebbe stata l'ultima avventura con lui. Col seghetto tagliai un fascio di rami e il larice abbassò le braccia. Accesi il fuoco al bordo della grotta e ci sedemmo sui ciocchi attorno. Iniziarono le sventagliate di mitraglia dei rami accesi. Crepitava la grotta illuminata e faville sprizzavano dappertutto. «*L'è bel al fèuch*»[40] disse il vecchio con un filo di voce.

Iniziò a nevicare, decidemmo di passare la notte nell'antro. Il ticchettio dei fiocchi si confondeva col crepitio del fuoco, mentre la coperta scura della sera saliva lentamente da fondovalle. Srotolammo i sacchi a pelo e, quando forze misteriose trascinarono la coperta fino a noi, accendemmo due candele. La neve incominciava a imbiancare i boschi e le rocce, e noi la si guardava cadere in silenzio.

[39] Non ce la faccio più.
[40] È bello il fuoco.

Mio padre disse: «*L'è bel*». E tacque di nuovo.

Mangiammo alcune scatolette di Simmenthal col pane, e finimmo una delle due ghirbe di rosso. Nemmeno il vino riuscì a renderlo loquace. Aveva capito tutto. Si era reso conto che il suo cammino sui monti durato una vita terminava quella notte, in una grotta sospesa sul bosco, accanto al figlio maggiore.

La neve cominciò a crescere e noi a guardarla ancora. Ogni tanto buttavo bracciate di legna sul fuoco, attivando la sinfonia del larice che riprendeva a crepitare.

Di quella notte novembrina, solitaria e triste, conservo un ricordo speciale, indelebile, velato di malinconia. Il vecchio si era arreso. A un certo punto, lì vicino belò un barbagianni, come per dirci che c'era. Sembrò il segnale di ritirata.

«*Iù me bich dho*»[41] disse mio padre. S'infilò nel sacco a pelo non prima di aver messo gli scarponi accanto al fuoco. Rimasi a guardare la neve che iniziava ad affacciarsi al bordo della spelonca. Dopo un po' udii un leggero sibilo. Andava e veniva al ritmo di un tenue respiro. Il vecchio si era addormentato. Lo guardai. Mi fece una gran pena.

Il mattino dopo, senza badare più ai camosci, dentro mezzo metro di neve, calammo verso valle. Fu l'ultimo novembre di caccia con mio padre, che si concluse senza sparare un colpo. Quella notte non dormii. Pensavo a quell'uomo ormai inerme, che sibilava debolmente nel sonno, accucciato accanto a me. Tutte le risse, le in-

[41] Io mi butto giù.

comprensioni, gli insulti che c'eravamo scambiati lungo la vita, ora cosa contavano? Che frutti avevano dato? Niente, se non l'antico odio sotterraneo da estrarre con la vanga a ogni occasione.

Un uomo, anche se animale nel pieno delle forze, quando è finito sembra diventare buono. Suscita pietà e tenerezza. Mentre lo guardavo fu come se una raspa di ghisa mi sfiorasse la memoria grattando via tutto. Come se quella prima neve di novembre, assieme a boschi e rocce, avesse seppellito ogni rancore. Mio padre, anima nera e feroce, era diventato bianco, pulito e candido come i pascoli sottostanti.

Fu l'ultima gita sui monti con lui. Non volle più saperne di muovere un passo. Morì quattro anni dopo, ma si era già spento quel giorno, lassù, sotto la forcella Rudetìa. Pace all'anima sua e a quel novembre di tristezza.

Dicembre

mese di abeti, preghiere e salami

Tutto il sacro, atteso dicembre, oltre ai lavori usuali, lo si spendeva pensando al Natale e ai preparativi che richiedeva la santa festa. Erano parecchi. Intanto si aprivano le botticelle di vetro per annusare il profumo della frutta messa a macerare nella grappa o nel rum. A ogni stagione, mese dopo mese, venivano annegati nell'alcol tutti i tipi di frutta che il periodo offriva. Mele, pere, fragole, susine, cotogne, more, nespole eccetera.

Dicembre era tempo di assaggi. Di solito toccava alle donne aprire i contenitori. Versavano in piccole ciotole e aspiravano gli effluvi. Agli uomini spettavano gli assaggi veri e propri. Ce ne davano un po' anche a noi, e l'intruglio ci garbava parecchio. Da tanto tempo non esiste più questa usanza e mi dispiace. Rammento ancora con l'acquolina in bocca il sapore della frutta macerata, mista a miele e alcol. A sette-otto anni sentivamo già montare la sbronza. Anche prima di andare a scuola ci fornivano un assaggino, colazione alcolica che aiutava ad affrontare il freddo. Ricordo un amico che arrivava a lezione brillo, e rideva di continuo. Tempi di bevute infantili nei pressi del Natale. E anche prima e dopo.

La botticella di vetro trasparente era più grande dei cinque litri dichiarati, visto che doveva tenere in pancia qualche chilogrammo di frutta. Nelle lunghe serate invernali, mentre s'attendeva tranquilli la santa festa, dopo aver cenato, adulti e anziani si mettevano attorno al fuoco. Tra una chiacchiera e l'altra, veniva servita la leccornia in piccole ciotole di legno scavate al tornio. Poca per volta, aveva da durare fino all'Epifania. Spesso non giungeva a traguardo, finiva molto prima. A dire il vero, a noi ragazzini versavano più frutta che liquore, ma era talmente imbevuta di liquido che sentivamo subito la testa girare.

Accanto al fuoco, ascoltavo storie di caccia, morti, donne coraggiose e uomini sfortunati. Gente che si era imbattuta in destini avversi. Senza dire niente, ma sapendo che intorno ronzava il Natale, mio nonno, con un coltellino affilatissimo e qualche sgorbia, intagliava alcune statuine da aggiungere al presepio. Ne uscivano figure rozze, tarchiate e primitive, ma di una forza espressiva da lasciare senza fiato. Erano come lui. Ho cominciato allora, in quelle sere dicembrine laboriose e miti, da quelle atmosfere natalizie, a prendere passione per la scultura in legno. Ma anche in altre occasioni. Il vecchio, severo e implacabile, selezionava ciò che per lui non andava bene. Allora, nei pressi della festa santa, passava in rassegna le statuine vecchie. Se qualcuna non gli garbava più la toglieva dal gruppo e la buttava nel fuoco, sostituendola con

quella appena scolpita. A noi dispiaceva tale comportamento, ma lui diceva: «Togliere il peggio e mettere il meglio. Ogni Natale tento di farle bene. Non si finisce mai d'imparare».

Quanti Gesù bambini ho visto finire tra le fiamme! Li avessi avuti oggi, per tenerli fra le mani, carezzarli, toccare le scanalature dove passò la sua sgorbia! Qualcosa è rimasto di quei remoti presepi, ma il grosso finì in pasto al fuoco. Allora non approvavo quelle epurazioni, mi addoloravano. Oggi che il mio vero lavoro è la scultura di tronchi, comprendo il nonno come non mai. Forse ho ereditato qualcosa del suo DNA, forse è la mia indole. Sta di fatto che se una scultura non mi convince la butto nella stufa. Se è grande, la riduco a suon di motosega. Michelangelo a ottantasei anni disse: "Ora che cominciavo a scolpire bene mi tocca morire. Meglio m'era che mi fussi messo a far zolfanelli". Non si finisce mai d'imparare.

Dicembre era mese di dolcezze, tranquillità, pace nelle case, tra le famiglie, nei boschi e sulle montagne. Quella serenità, ogni anno nei pressi del Natale veniva interrotta da un fatto cruento. Era lacerata dalle urla strazianti del maiale, ucciso a baionettate sul collo. Quattro lo tenevano, uno forava e non sempre forava giusto. Crescevamo giorno dopo giorno con lui, ci dispiaceva alle lacrime vederlo finire così, tra patimenti e sofferenze. Ma tal è sorte di suino: morte sua, vita nostra. In meno di tre giorni, quello che grugniva nella stalla, in compagnia della vacca, stava appeso sotto al soffitto a formare un corredo di salsicce, coppe, salami e lardo. A quel punto ci dispiaceva un po' meno e, quando affettavano, più nessun dolore.

La testa del maiale, spaccata in due e appesa sotto la cappa, aspettava fissandoci la notte di Natale. Verso pomeriggio la mettevamo in una caldiera d'acqua facendola bollire per ore. Le cervella, impanate e fritte nel burro, si consumavano subito dopo l'uccisione. Il resto doveva riposare. Una volta lessato il testone, orecchie comprese, veniva tolta minuziosamente la carne e messa in un catino smaltato assieme agli occhi. Era lo spuntino della sera di Natale, prima di andare a messa di mezzanotte. Scalogno tagliato finissimo e in abbondanza finiva nel catino. Sale e pepe a dosi giuste. Il pepe, come il caffè, si frantumava alla bisogna, con macinini diversi. Poi olio d'oliva e aceto.

Sistemato il catino a centro tavola, i membri della famiglia disposti attorno, forchetta in mano, iniziavano la danza. Ognuno prendeva quel che sentiva di mangiare. Noi tre fratelli sforchettavamo rapidi, senza alzare gli occhi verso il nonno, la nonna e la zia sordomuta. Temevamo che qualcuno, di certo non la zia, dicesse: «*Dhi pian*».[42] Ma non succedeva. Anzi, il nonno smetteva presto brontolando: «*No è fan, mangè i vos*».[43] Anche le vecchie si arrendevano subito, posando la forchetta sul tavolo. Era per lasciare più roba a noi, cuccioli affamati che dovevano crescere. Lappavamo tutto in un attimo, lisciando il fondo del catino pieno di buon sugo

[42] Andate piano.
[43] Non ho fame, mangiate voi.

da raschiare con fette di polenta. Non serviva lavarlo. Allo scoccar di mezzanotte, tutti a messa.

Una settimana prima, vicino al caminetto, allestivamo il presepe con le semplici statue del nonno. La grotta di Betlemme era un ciocco di faggio sbregato dalla saetta, rifinito dalle intemperie e dai tarli. Scuro, annerito dalla folgore, comunicava l'idea di povertà e tristezza: luogo adatto per far nascere Gesù.

Giù, nella vecchia casa di Erto, nascosto da qualche parte, nel buio e nel silenzio dell'abbandono, il vecchio ciocco-capanna attende un Gesù bambino per ospitarlo ancora. Temo rimarrà deluso, quei dicembre non torneranno più.

Dopo il presepe toccava all'albero essere addobbato. Qui esistevano due correnti di pensiero, di conseguenza di azione. C'erano quelli che tagliavano l'abete di Natale una decina di giorni, o quindici, prima della festa. E gli altri, in verità più rari, che di albero gliene bastava uno ogni quattro-cinque anni. E pure oltre.

Questi abeti natalizi, duraturi nel tempo, esigevano un periodo di prelievo molto speciale. Per tagliarli bisognava aspettare l'ultimo plenilunio di novembre, che può capitare anche a dicembre. Presi dal bosco in tal giorno di luna piena, con un lasco accettabile di venti ore, gli alberelli durano anni. Rimangono verdi e non perdono un ago. Trascorso Natale, passata Epifania, che tutte feste porta via, si riponevano in soffitta, all'ombra dei solai, per riprenderli l'anno dopo tali e quali. Quelli tagliati a casaccio, invece, dopo un mese seccavano e al minimo tocco sentivi una pioggia di aghi crepitare in terra. Provare per credere. Gli abeti di luna calante cambiano appena il colore, diventano solamente più scuri. Ma se provate con pollice e indice a strappare un ago, noterete una certa resistenza prima di riuscirvi. Sembra impossibile ma è così: comanda (o almeno comandava) la luna, nel bene e nel male.

Occorre dire che non erano molti i cultori degli alberi di plenilunio. La maggioranza preferiva fare in fretta: un abete carino da addobbare per le feste e poi via, lanciarlo sotto le tettoie a seccare e poi accendere il camino.

Se tagliate un albero il 3 o 4 marzo, esso non brucerà nella stufa. Potete buttarcelo dentro quando il fuoco è al massimo, lasciarlo un giorno intero per trovarlo al mattino soltanto un po' annerito. In quei due giorni la luna, qualsiasi fase attraversi, proibisce alle fiamme di bruciare il legno. Molti anni fa illustrando entusiasta questi fenomeni all'astrofisica Margherita Hack, mi abbatté con lapidaria risposta: «Balle! È solo una palla di sabbia». Intendeva l'astro a me tanto caro. Non insistei ma ho la certezza che la luna comandi su tutto.

Vedo che perdo il sentiero, torniamo a indagare il mese ultimo.

Dicembre era un mese dove le preghiere a voce alta circolavano tra i muri, entravano nei sottoscala, s'infilavano tra le panche. Non che negli altri mesi si pregasse meno, tutt'altro. Il grazie a Gesù, alla sua mamma e ai santi stava nell'ordine del giorno durante tutto l'anno. Si pregava non per gran fede, bensì per paura. E per ottenere roba: patate, fagioli, zucche eccetera. Invece a dicembre entrava nell'animo dei montanari una dolcezza nuova che faceva pregare con più lealtà. Ogni sera, verso l'imbrunire, nostra nonna ci obbligava in chiesa a inginocchiarsi di fronte al presepe, allestito in un angolo, sotto la statua di san Bartolomeo scorticato. Nascita e morte nello stesso luogo sacro: in basso la prima, in alto la seconda. Come a dire che si viene al mondo piccini piccini, ci si alza fin dove la sorte permette, per poi ripartire verso il vuoto della morte. Le statuine in legno di cirmolo, alte trenta centimetri, erano state scolpite dall'artista gardenese Ermanno Moroder nel milleottocento.

Non erano tanti gli uomini che sostavano in adorazione davanti alla natività. Il primato lo tenevano le donne, soprattutto anziane. Non di rado queste vecchie portavano con sé i nipoti, come faceva mia nonna con noi fratelli, nostro malgrado. Per tutto dicembre, ogni sera quella nenia. Un po' di credere lo avevamo, non dico di no, ma accidenti, rimanere un'ora inginocchiati davanti al presepe, con sopra la testa due ceffi che scuoiavano un uomo vivo non ci andava proprio. Ma la nonna, che di fede ne aveva anche troppa, era irremovibile.

Durante quelle adorazioni forzate, fissavo intensamente le figure scolpite dal gardenese. Sculture classiche, rifinite in ogni dettaglio, il panneggio sontuoso che pareva muoversi a ogni respiro. Mentalmente le confrontavo con quelle del nonno e mi cadevano le braccia. Cosa poteva insegnarmi quel povero vecchio? I maestri della scuola d'arte di Ortisei sì che potevano addestrarmi a dovere! Ma quando, ormai cresciutello, manifestai a mio padre il desiderio di frequentare quella scuola, mi prese a calci nel sedere. «Vuol fare l'artista questo qua» bofonchiò. «Vai a lavorare, fannullone.» Sogno finito, risveglio doloroso, speranze andate.

Le preghiere di dicembre erano tante, non finivano mai, per noi ragazzotti diventava tortura. Allora inventavamo lavori per uscire di casa. Ma fuori mordeva il freddo coi suoi denti d'acciaio. Non restava che rifugiarci nella stalla, dove il fiato degli animali intiepidiva l'ambiente. Pulire il letame dai letti, portarlo alla concimaia, mandare giù il fieno alla canaletta, strigliare gli animali. Ma nemmeno in stalla stavamo al sicuro. Capitava sempre qualcuno a dirci cosa fare e dove andare.

Il nostro albero di Natale non aveva palline di vetro. Erano in legni vari, fatte dal nonno al tornio. Poi appendevamo *ciòrciole*, che erano pigne di ogni dimensione dipinte dai vecchi con vernice porporina, una tinta color argento. Qualche mandarino concludeva l'addobbo assieme a castagne trapassate da un filo sottile, appese all'estremità dei rami che si piegavano col peso. Sulla punta il nonno infilava una *cànola* tornita, spinotto di maggiociondolo da applicare alle botti per tirare il vino. Tagliava l'abete l'ultimo plenilunio di novembre, per questo ci durava quattro-cinque Natali. Ora che mi viene in mente, appendevamo pure torsoli di granturco, messi da parte apposta, anch'essi dipinti, ma con minio rosso sangue.

Quanto siano cambiate le feste – qualsiasi festa – negli ultimi sessant'anni me ne accorgo ora che sono vecchio e la memoria dei tempi lontani viene a cercarmi, come la giovinezza va a trovare il vecchio alla fine dei suoi giorni. Non rinnego quelle di oggi, mi divertono, mi incuriosiscono, spettatore solitario seduto su un colle osservo quello che succede. Ma non mi appartengono. Sono malinconicamente legato ai ricordi del passato, l'infanzia, l'adolescenza, la gioventù. I miei dicembri, i miei Natali sono rimasti quelli, niente e nessuno li potrà sostituire. Ci sono stati bellissimi Natali con i miei figli, dopo, ma non erano la stessa cosa.

Ricordo una poesia di padre David Maria Turoldo che ebbi la fortuna d'incontrare ai tempi del collegio. Dice:

Ma quando facevo il pastore
allora ero certo del tuo Natale.
I campi bianchi di brina,
i campi rotti dal gracidio dei corvi
nel mio Friuli sotto la montagna,
erano il giusto spazio alla calata
delle genti favolose.
I tronchi degli alberi parevano
creature piene di ferite;
mia madre era parente
della Vergine,
tutta in faccende,
finalmente serena.
Io portavo le pecore fino al sagrato
e sapevo d'essere uomo vero
del tuo regale presepio.

Mi ci trovo dentro in pieno, la poesia contiene quasi tutto quello che avevamo anche noi: campi ghiacciati, pecore, tronchi e gracidio di corvi. Mancava la mamma.

A dicembre non c'era solo il Natale ma anche il temuto Capodanno. Il 31 dell'ultimo mese e il 1° gennaio erano giorni nefasti. Si rischiava parecchio. Bevute colossali mettevano in serio pericolo l'incolumità dei festeggianti. Sulla piazza del paese – pochi metri quadrati di fronte all'osteria Pilin – troneggiava l'abete addobbato. Alto una quindicina di metri, poveramente inghirlandato, veniva infilato nel tombino, come a ricordare che tutto finisce nelle discariche del tempo. L'albero aveva già un piede nella fossa.

Accanto a lui a fine anno, volenterosi accudivano, coccolandola, una caldiera di vin brulé da venti e passa litri. Appesa a una catena pendente da un treppiede, veniva tenuta in bollore dal fuoco di carpini. Tutti potevano servirsi tramite un mestolo, con l'obbligo che le tazze dovevano essere personali. Una specie di self-service *ante litteram*.

Il grande braciere nell'angolo esterno dell'osteria Pilin, maneggiato da volontari, serviva i paesani di carni arrostite, appartenute a ogni tipo di animale. Camoscio, capriolo, capra, pecora, salsicce fresche dei suini appena macellati. Un metro sopra il braciere c'era, ed esiste ancora, una viuzza acciottolata piuttosto ripida. Da lassù, con un bastone appuntito, nascosti dietro l'angolo dell'osteria, noi ragazzi infilzavamo gli arrosti per papparceli di nascosto. Il bello è che ce li avrebbero dati lo stesso, ma vuoi mettere rubarli?

Così si preparava la festa che congedava l'anno vecchio nell'ultimo giorno dicembrino.

Verso le quattro di pomeriggio c'era la messa, e già alla funzione qualcuno arrivava brillo. Poi uomini e donne, vecchi e ragazzi si davano ai bagordi. A mezzanotte suonava la "campana granda". Rintoccava a morto, come usa per chi non c'è più. Veniva fatta squillare tirando a mano la grossa fune di canapa. Lo specialista era Giovanni Martinelli, detto Nani Gaia. Ma altri gli davano il cambio, visto che andava suonata per almeno un paio d'ore.

Tutto il fervore per la santa festa e l'attesa di fine anno non escludevano, e nemmeno rallentavano, i lavori giornalieri. Il governo del bestiame, fare il formaggio, la ricotta, battere il burro, affumicare con rami di ginepro i salami appena insaccati. C'era sempre la neve, in abbondanza. Non ricordo Natali senza un metro di bianco. Cadeva silenziosa a coprire il paese, incappucciare i piatti smaltati delle poche lampadine d'angolo, intasare le vie, gli orti e quel mondo ormai scomparso di pace e silenzio. Solo da pochi anni nevica meno, tanto è vero che si possono trascorrere dicembri senza un fiocco. Natale senza neve è come Babbo Natale senza barba. Ma allora ne veniva a metri.

Ciononostante, anche prive di fiocchi, si possono trascorrere feste natalizie intime, affettuose, intelligenti, restando assieme ai propri cari, alle famiglie. Senza agitamenti eccessivi, né pacchianerie a volte pietose, si può godere un Natale creativo, intimo e in santa pace.

Ricordo che alcuni anni fa mi recai in una città vicina, della quale ometto il nome. Andai per regali, avevo già figli grandicelli. Lungo tutto il porticato del centro, appesi alle colonne ad altezza uomo, c'era un numero considerevole di piccoli abeti in gomma. E fin qui nulla di strano. Il problema nasceva quando un pedone passava loro accanto. Con voce stridula, continua e orripilante, gridavano: «Buon Natale, buon Natale, buon Natale». Dio sa la gente che passa in città vicino ai giorni della festa. Per cui quell'augurio plastificato, stridente e tremendo si ripeteva di continuo a ogni ombra di persona in transito. Acquistai i regali, bevetti un paio di bicchieri in fretta e tornai sui monti.

Non ho più riascoltato tale obbrobrio. Forse chi lo propose s'accorse di avere esagerato.

I lavori del mese ultimo assumevano una loro dolcezza, come se la gente si rabbonisse nei pressi del Natale. Si faceva tutto con maggior serenità e calma. Le grida imperiose dell'estate, dove comandava la fretta, si chetavano, le voci parlavano basse, c'erano poche discussioni. O almeno ci si sforzava di non farne, come se il rispetto per il bambin nascente entrasse in tutte le case a dire: «Basta, per un po' state buoni».

Ricordo un remoto Natale dove il nonno, in due giorni, confezionò a me e mio fratello Felice un paio di galosce in acero. Sotto non ci mise i soliti chiodi ma le tirò piatte e lisce come marmo. Era un inverno da castigo, gelido e interminabile, tutte le vie tenevano il fondo ghiacciato e sdrucciolevole. Tranne quelle in centro, cosparse di cenere e segatura per non cadere. Assieme ad altri ragazzi, salivamo in curva di Costa, all'imbocco della Val Zemola. Dal punto più alto, scivolando sul ghiaccio vivo, con un equilibrio che non ho più ritrovato, terminavamo la corsa sul greto del Vajont, due chilometri più in basso. Da lì, calzavamo le grappelle e si tornava in alto. La squadra volante era formata dai fratelli Schenòn, quelli di Topo, comprese le sorelle Maria e Menina. Gli altri erano: Silvio, Carle, l'altro Carle, Piero e Basili, Armando, questi ultimi ormai scomparsi. Scordavo Moreno, Luciano, Adamo, anch'essi nel regno delle ombre. Inverni favolosi, divertimento alle stelle. Poche cose ma usate bene, povertà creativa, oserei affermare.

Quando finiva dicembre e iniziava il nuovo anno, c'era una credenza temibile per uomini e donne. Al mattino del giorno 1° gennaio, dopo i rintocchi dell'avemaria, guai se una donna incontrava un'altra donna come prima persona dell'anno. Stesso dramma per il maschio che incontrava un altro maschio. Significava sfortuna costante per dodici mesi. L'ideale per ottenere buona sorte e benessere era che l'uomo incontrasse la donna e viceversa. Pesava talmente, questa credenza, sulle genti d'alta quota, che per non rischiare l'incontro nefasto si mettevano d'accordo in anticipo. «Mi raccomando» diceva l'uomo a qualche donna, «vieni domani, dopo "l'aimaria", a trovarmi.» La femmina idem, implorava qualche maschio che l'andasse a incontrare il mattino di inizio anno. Rigorosamente appena finito il suono di campana.

Oggi siamo nel terzo millennio, eppure so con certezza che tale paura esiste ancora in qualche persona di mia conoscenza.

Appena dopo la tragedia del Vajont, fummo sfollati a Cimolais, paese vicino, sotto il passo Sant'Osvaldo. Ci accompagnava la parola "superstiti" ma era meglio "disperati" e "terrorizzati". Coi miei fratelli trascorsi tra quella gente ospitale cinque Natali, ma non furono i miei. Non furono di nessuno di quelli scampati alla morte e trasferiti a forza in paesi foresti. Si cercava, è vero, di allestire il presepe, addobbare l'albero, sentire la festa, ma non era casa nostra. Io non percepivo l'atmosfera della "tana" dov'ero nato, cresciuto e spazzato via a tredici anni. Il nonno era morto l'anno prima del Vajont, investito da un'auto a Belluno. La zia sordomuta e la nonna finirono di spegnersi in ospizio ad Aviano, città di americani e testate nucleari.

Mancava il nostro dicembre, con i preparativi della festa, il nonno che sbozzava pastori primitivi, pecorelle sbilenche, bambin Gesù che parevano vecchi addormentati. E le storie accanto al fuoco, dove bolliva eternamente una pentola di fagioli o vin brulé, gli oggetti in legno da rifinire a carta vetro, il rotolarsi nei trucioli gialli e ricci come i capelli degli angeli. Tutto questo non esisteva più. Così, dopo qualche malinconico tentativo di ripetere le sere perdute dei nostri Natali, dei nostri presepi e delle messe di mezzanotte, si finiva ognuno per proprio conto nelle osterie della Valcellina.

A proposito di messe, quando stavamo ancora nel nostro paese, e il Toc stava ancora appeso lassù, tra i larici di Cima Mora, la notte di Natale si andava alla messa di mezzanotte. Chiesa piena, tanto che molti rimanevano fuori, sul sagrato. Allora accendevano un falò per scaldarsi. Il prete salmodiava, il fuoco crepitava. Dopo, tutti a casa. Ma prima, a scambiarsi gli auguri stringendosi in abbracci. Amici e nemici a mani tese.

La notte di Natale non permetteva differenze né insofferenze. Dopo la funzione e gli auguri, molti finivano sotto l'abete inghirlandato, davanti l'osteria, ad attingere dal calderone che sempre bolliva.

Natale e fine anno offrivano vin brulé in piazza. Allora non esistevano regole che imponessero cibi ben definiti a ogni festa grande. Si mangiava quello che c'era, e siccome quasi tutti avevano ucciso e ridotto in salami il maiale, si gozzovigliava con abbondanza di roba.

Ma torniamo all'ultimo giorno dicembrino, quando ai miei tempi l'anno se ne andava in serena allegria e in maniera intelligente. Niente botti, né follie, né sarabande. Bevute e canti sì.

Finché è rimasto in vita, il caro amico e maestro Carle de Furlàn, classe 1932, tutta la notte di fine e inizio anno suonava il sax girando le viuzze e rallegrando le persone porta a porta. Noi giovani lo seguivamo ammirati. Un altro mito della nostra adolescenza, che dava il meglio dell'amicizia a fine dicembre, quando l'anno vecchio, contuso e acciaccato cedeva il posto a quello nuovo, fresco e imbellettato, fu Bruno Pilòt. ClaDutano di razza, mi iniziò allo sci di fondo su piste battute all'antica, pestando la neve passo passo, con le tavole di traverso. Partiva al mattino del 31 dicembre, chitarra in mano, seguito da Bepi Manarin, fisarmonicista di rango. Suonavano per tutti, dentro e fuori dai paesi dell'alta Valcellina, con allegria e buonumore mai più visti. Fisicacci da non credere – Bepi classe 1928 –, tenevano botta giorno e notte fino al 2 gennaio, sempre suonando e cantando. Tutti e tre, Carle, Bruno e Bepi, dormono ormai da tempo nel regno delle ombre e nessuno li ha sostituiti nella musica e nei canti.

Sono cambiati i tempi, la gente, gli usi, i costumi, i divertimenti, i modi di festeggiare Natale e Capodanno. Ma è certo che figure di quel calibro non torneranno più. Potrei riempire pile di quaderni raccontando personaggi, amici, uomini pittoreschi, originali, allegri o tristi che incuriosirono la mia infanzia, allietarono la mia gioventù, m'accompagnarono da adulto per poi abbandonarmi per strada nella vecchiaia. Erano alla lunga esausti, sfiniti e malinconici, il destino decise che fosse ora di mandarli avanti. Erano uomini unici, dotati di fantasia prorompente, originalità, intelligenza superba e coraggiosa. Per questo eccellevano nelle feste, nelle serate di paese, ovvero dove c'era da divertirsi e divertire. E anche nel lavoro.

Il meglio però, non vi è alcun dubbio, lo regalava dicembre, in attesa della sua fine. Dall'1 al 31, ogni giorno era una novità che arricchiva il programma, inventava sorprese, trepidava per l'avvenimento. Cresceva di pari passo la voglia di andare un pochino fuori delle righe. E si andava!

Ricordo un dicembre ultimo di Celio. Lavoravo attorno a una scultura enorme per cavare a motosega un albero di Natale. Era un larice alto tre metri, secco e duro come un osso. Celio passò silenzioso, si fermò e disse: «*Ce fèsto?*».[44]

[44] Che fai?

«Un albero di Natale.»

«Ah» rispose, «ma non era già un albero? Butti via tempo per niente, non lo farai mai bello come l'originale. Mettimi via gli scarti che faccio fuoco.»

Se ne andò. Posai la Dolmar per terra e riflettei sulle parole dell'amico. Aveva ragione. Fermai di lavorare e andai a bere da Pilin. Lungo la strada lo incontrai con la gerla in spalle. «Non andare via» brontolò, «sto venendo a prendere gli scarti.»

«Andiamo a bere un gotto prima» dissi.

Ci infilammo in osteria dove già si percepiva clima natalizio: fumo di tabacco, bottiglione a ogni tavolo, qualche canto e partite a morra. Ci mettemmo in un angolo, spalle al muro. Seduti, ordinammo un litro. Mi bruciava la sua critica sull'albero che scolpivo. Dissi: «Ma allora non si deve più fare niente, la natura è sempre più bella di quello che fa l'uomo?».

«Sì» rispose impassibile.

Ribattei: «Ma io, se mi piace, posso fare quello che voglio».

«Certo.» E beveva.

Stavo per maltrattarlo ma la questione si faceva interessante e pazientai. Dissi: «Michelangelo ha scolpito tutta la vita senza porsi queste domande del cazzo!».

«Sì» rispose, «ed è stato l'unico a fare l'essere umano più bello di quello vero. Ma tu non sei Michelangelo.»

«Faccio quello che posso, quel che so fare. Mi piace scolpire e insisterò fino alla morte.»

«Prova a scolpire una farfalla» ghignò l'amico alzando il bicchiere, «poi ne guardi una vera e mi sai dire.»

A quelle obiezioni non sapevo che rispondere, così

mi salvavo con il solito: «A me piace scolpire e continuerò a farlo».

«Certo, certo» rispondeva.

Finimmo il primo litro e ordinai il secondo. Celio disse: «Buona idea». Versammo e bevemmo. A un certo punto disse: «Ti dirò "bravo", e a quel punto lo sarai sul serio, quando scolpirai una ragnatela nella quale si poserà una mosca e resterà impigliata per sempre».

Allora la pazienza mi abbandonò. Dissi piccato: «Non solo la ragnatela, ti posso fare anche il ragno che sbuca fuori e va a mangiarsi la mosca, brutto rompicoglioni».

«Avanti, mettiti al lavoro» rispose, «voglio vedere.» Parlava calmo e senza ridere. Finimmo il secondo litro.

«Andiamo» dissi «ti do gli scarti.» Ormai il vino mi aveva alterato, e decisi per la scelta estrema. Afferrai la motosega e ridussi l'albero in pezzi da stufa. Totale fallimento.

«Ecco gli scarti» dissi a Celio che osservava indifferente.

Prima di sera aveva trasportato a casa i blocchi del tronco. Il giorno dopo andai a cercarlo. Era da Pilin. Bevemmo un bicchiere, poi allegramente dissi: «Sarai contento adesso? Mi hai costretto a spaccare l'albero».

Mi guardò con la commiserazione dei padri verso i figli tonti. Disse ridendo: «Ero senza legna e tu me l'hai fornita. Ti conosco, basta provocarti e cadi come un pero. Stai attento più avanti: nella vita, questa impulsività ti porterà i guai».

Aveva ragione, povero Celio.

Mi accorgo che la sto tirando lunga, la penna non si ferma, come se avessi paura a chiudere questo lunario sentimentale. Un po' è vero. Vado avanti con memorie che potrebbero titolarsi *Ricordi di fine anno*, se non *di inizio*. Dicembre e gennaio si passavano di mano il testimone, inconsapevoli della cesura che faceva di uno il vecchio e dell'altro il nuovo.

Tra i ricordi che mi fanno visita c'è quel 1° gennaio di parecchio tempo fa, quando, dopo una notte di baldoria per salutare l'anno vecchio, andammo a sbattere contro un muro con la Fiat 127 nuova di zecca. Era di Butti e pilotava lui. Si frantumò il lunotto anteriore, per il resto l'auto funzionava. Così, a meno dieci gradi, girammo la Valcellina, osteria dopo osteria, fino al 2 gennaio sera, quando congelati battemmo in ritirata. Beata, folle, sciocca gioventù! Oggi, nemmeno a gloria imperitura ripeterei un'impresa simile. E non beccammo nemmeno il raffreddore.

Ricordo un altro fine anno sciagurato, consumato assieme a Gil, coetaneo silenzioso e schivo, un amico pronto a tutto per dimostrarmi fedeltà. Lavorai l'estate alla cava di marmo del monte Buscada, milleottocento metri sopra il paese, nell'alta Val Zemola. In previsione del Capodanno, rubai mezza cassa di cheddite, esplosivo da cavatori. Berto, capo fuochino, preoccupato, disse: «Lascia stare, non è il caso». Disobbedii. Quando l'anno tirò le cuoia, Gil e io facemmo i botti. Nella parte bassa del paese non esisteva più un vetro intero ma, essendo abbandonato dopo il Vajont, nessuno si lamentò.

Un'altra volta, festeggiai il funerale dell'anno vecchio come officiante all'albergo Duranno di Cimolais, condotto a quei tempi dal titolare Icio Protti, amico inseparabile e compagno di baldorie. Quel dicembre era andato piuttosto male e per un pelo non finì ancora peggio. Nevicava da inizio sera, il paesaggio diventò fiaba. Nel salone, chi si reggeva in piedi ballava, ma erano pochi. Verso le quattro di mattina decisi di tornare a casa a piedi, per camminare dentro la fiaba, sotto la neve che cadeva silenziosa e in silenzio cresceva a vista d'occhio. Mi feci dare da Icio una candela e quando affrontai il passo Sant'Osvaldo l'accesi. Durò poco, i fiocchi me la spegnevano, allora la misi nella tasca della giacca a vento.

Quella passeggiata di fine anno, nella notte fiabesca, sotto la neve che ticchettava, nonostante fossi parecchio sbronzo la ricorderò finché campo. Non per la poesia che accendeva in me, bensì per aver rischiato la pelle.

Giunto al passo, con diversi tuffi nel bianco intonso e faticosi risollevamenti, pulii alla buona il gradino esterno della chiesina che protegge il viandante e mi accomodai a riposare. Fui svegliato da un amico, Nando Martini, che faceva il guardiacaccia. Passando con la jeep, di ritorno anche lui da bagordi, notò due scarponi spuntare dal bianco. I fari li illuminarono. Mi cavò fuori dalla neve che ormai faceva da coperta. Tornai all'albergo Duranno e, dopo un paio di grappe bollenti, ripresi la festa ibernata per qualche ora.

Questi, e altri peggiori, furono alcuni miei dicembri. Dove, oltre al lavoro e altri impegni, buttavo la vita come i boscaioli lanciano il manico dietro la scure che si è sfilata. Venivamo da quella cultura montanara che ha fatto tanti danni ai giovani del tempo, dove, per essere un vero uomo, dovevi bere, fare lavori duri e bravate ad alto rischio.

Neanche il giorno di Natale ci risparmiavamo. Ricordo che una volta – ero ormai giovanotto –, per fare un dispetto all'intero paese, prima dell'alba segai l'abete natalizio piantato nel tombino davanti l'osteria Pilin. Mi vide una vecchia che non dormiva, ma siccome l'omertà è nata quassù e non in Sicilia, portò il segreto nella tomba. La donna vendeva vino in un'osteria casalinga di sua proprietà. Andai a bere un bicchiere verso mezzogiorno. Mi fece segno di sapere mimando il gesto di uno che maneggia il segone. Misi l'indice sulle labbra e soffiai: «Ssst». «*Nia pèura*»[45] sibilò, e tutto finì nell'oblio quel giorno di Natale a mezzodì.

Passate le baldorie, e le sbronze capodannesche, e i canti e le notti insonni, si spiava la luna di gennaio per capire cosa fare. Era lei che decideva le azioni.

«*Ce fasòne uncùi?*»[46] chiedevo al nonno. «*Le da tirè 'l ledàn sul nèif*»[47] rispondeva. L'anno nuovo partiva fresco d'età riproponendo il suo tran-tran che durava da secoli. Ma, per trascinare slitte di letame sul bianco immacolato dei prati, ogni luna era buona.

I vecchi, a gennaio, sedevano fuori casa sui tronchi accatastati, a spiare il cammino del sole. Il 21 di quel mese passava sopra la punta del monte Toc ed era festa grande. Fumavano pipe terrose, masticavano tabacco e sputavano catrame. Intabarrati come mummie, guardavano l'astro che faceva il balzo fondamentale per ri-

[45] Niente paura.
[46] Che facciamo oggi?
[47] C'è da portare il letame sulla neve.

manere in paese tutto il giorno. Quegli anziani stanchi, taciturni e rassegnati guardavano in alto, verso il cielo, come a cercare il loro posto. Forse, con la scusa di seguire il passaggio del sole, volevano capire cosa li aspettava lassù quando sarebbe venuta l'ora.

Mi accorgo che sto partendo di nuovo da gennaio che voleva letame sulla neve. È come se intuissi, o avessi la certezza, di aver dimenticato qualcosa, certamente così è. Per esempio a febbraio, dove si ammonivano i ragazzini a non dire bugie o la maschera di legno gli sarebbe rimasta incollata al volto. Io non sono molto intelligente, e non lo ero nemmeno allora, ma riflettevo. Mi pareva strano, se non impossibile, che un cartoccio di cirmolo si fondesse col muso. Allora, per verificare, dicevo parecchie bugie mascherato. Poi, non senza una certa ansia, toglievo il camuffamento, che non era per niente incollato alla faccia. Così mi liberai di quella paura e, sempre sperimentando, di molte altre.

Ogni mese aveva il suo canto. Per esempio si diceva: "*Inte mèrth, ugne fora va deschèlth*",[48] oppure: "*Febratùt, curt e brut, l'è pedho de dut*".[49] Ci si credeva, a questi strampalati proverbi, anche se spesso venivano smentiti dalla natura, che non s'atteneva alle credenze popolari. In aprile, quando la vita si destava dal torpore invernale e le forze stentavano a presentarsi, i vecchi sentenziavano: "*Avril ciàma poiàn, toscia scomenthè pian*

[48] A marzo ogni pazzo gira scalzo.
[49] Febbraruccio corto e brutto è peggio di tutto.

pian",[50] oppure: *"Al sorège de primavera al te fè dhi sot tera"*.[51] E avanti di questo passo.

Ho sempre indossato il sole d'aprile e sono ancora sopra la terra.

C'è un periodo in luna crescente di quel mese, verso la metà, che strappando alla radice le erbacce infestanti queste non ricrescono più. Oggi si buttano diserbanti che avvelenano il terreno. Ha preso comando la fretta, segno che ben pochi hanno in cura la salute della terra e di conseguenza dei suoi abitanti. Bisogna dire che nelle grandi città sarebbe impossibile, se non comico, usare le cure e le attenzioni dei tempi andati. Se ci pensiamo un attimo, nemmeno allora andavano in uso certe pratiche, nelle metropoli. Erano patrimonio delle campagne, dei paesi di montagna, dei villaggi sperduti, dove il rispetto verso la natura non solo era particolarmente sentito, ma necessario alla sopravvivenza. Oggi c'è meno attenzione. Borges, sconsolato, disse: "Non vedo alcun tentativo da parte dell'uomo del Ventesimo secolo di aver cura e proteggere quel progetto dimenticato chiamato terra". Il secolo Venti se n'è andato, siamo nel Ventuno, ma le parole di Borges sono ancora valide.

"Majo vegnù, istè sen dhù"[52] dicevano i vecchi pessimisti, che temevano il freddo e sentivano l'ombra dell'inverno prima ancora che trascorresse l'estate. Forse anche l'ombra della morte.

[50] Aprile porta la fiacca, bisogna cominciare adagio.
[51] Il sole di primavera ti manda sotto terra.
[52] Maggio arrivato, estate andata.

Da noi si dà il maschile a tutto, anche alla neve, chiamata *"al nèif"*, tranne alla primavera, il cui nome rimane tale. Tutto quello che in natura è fastidioso, ostile, traditore e inaffidabile viene chiamato con nome femminile. Bisogna partire dal pino mugo, da noi detto "la muga", pianta infestante e proprio per questo definita al femminile.

C'è una credenza emblematica ad esempio che riguarda Eolo. Quassù si è fermamente convinti vi siano due tipi di vento: il maschio, che in teoria dovrebbe spirare per ventiquattro ore; e la femmina detta *vèinta*, molto più tosta e cattiva, che dura quarantotto ore.

Ricordo la notte da tregenda nella quale un ventaccio pesante strappò dal tetto la grondaia di una vecchia che viveva sola. La incontrai al mattino arrabbiatissima per il danno subito.

«Hai sentito che vento, Elfa, stanotte?» dissi.

Risposta: «*L'è na vèinta, chela troia*».[53] E se ne andò infuriata.

Fin dai tempi remoti, ovunque la donna ha pagato caro il fatto di esserlo. Questo calendario sentimentale c'entra parecchio con la donna. Chi portava letame nella gerla a gennaio? Chi veniva bastonata a febbraio dai maschi, durante il Carnevale, quando portava maschera da strega? La donna. Chi puliva le rane a marzo con pazienza e tenacia o andava a piedi a Longarone a comprare il carburo? Loro, sempre loro, le *fèmene*. In aprile, mentre gli uomini concludevano le opere

[53] È una venta, quella troia.

più urgenti, toccava alle donne il fastidio delle finiture. Si disinfettava la stalla con calce viva? Ripulire tutto, coprire il fieno con teli, riempire le vasche di pietra a suon di secchi portati a spalla col *thempedòn*:[54] tutto compito loro. Pulire il letame dalle lettiere pure. Alla sera, anziché riposarsi, c'era da preparare la cena per tutti. E a maggio? La rifinitura degli oggetti in legno, da vendere poi nelle città e nei paesi, era impegno loro. Lo svolgevano di notte fin quasi all'alba. Le dita, consumate dalla carta vetro, formavano bollicine di sangue. E a giugno? Idem: fatiche continue. Andare e tornare dalle malghe al paese, fornendo viveri ai pastori e portando a valle forme di formaggio e pani di burro. Vita grama per ogni mese.

Col burro dovevano camminare veloci, altrimenti si scioglieva. A ogni fontana immergevano i panetti avvolti in stagnola nell'acqua fresca per rassodarli un poco. A volte non erano così veloci, il burro scioglieva gli ormeggi. Allora, per evitare i rimproveri di mariti e suoceri, davano colpa alle streghe. Per tenerle lontane, mettevano fuori dalla malga una scopa rivolta verso l'alto, col manico piantato in terra. Così le megere si mettevano a contare i fili di saggina, dimenticando le donne e il burro. E se questo liquefaceva di nuovo o andava a male? Altra scopa faccia al cielo, e così fino a tre; poi si faceva l'esorcismo scaccia streghe. Consisteva nel bruciare salvia al momento che il

[54] Arco di legno da portare sulle spalle, con due ganci alle estremità per appendere i secchi dell'acqua.

sole andava dietro. E arrostirne pure dei mazzi dentro la malga. Ma i mariti non ci cascavano. Sapevano che era colpa della lentezza, il disfacimento dei pani di burro. E rimproveravano le mogli. Questo succedeva da giugno al 7 settembre, quando si smonticava. Nel frattempo alcune donne, evitando la fienagione, partivano a piedi coi carri stracarichi di oggetti in legno. Andavano nelle città di pianura a venderli porta a porta. Qualcuna venne stuprata, due violentate e uccise nei boschi di Opicina.

Vite grame nei lunghi mesi che componevano le stagioni. Mazzi di giorni legati col fildiferro, stretti fino a far sanguinare i gambi di esistenze difficili. Luglio e agosto invitavano ai canti, ma era solo per non piangere. Si può reagire facendo il contrario di ciò che preme dentro. Se qualcuna di quelle donne stremate cedeva alla disperazione, il sole asciugava in fretta le lacrime. Giusto in tempo per far finta di niente.

Verso metà settembre quelle che erano partite anelavano il ritorno. Volgevano lo sguardo alle amate montagne abbandonate per qualche mese. Ai primi di ottobre voltavano i carretti dalle ruote cerchiate in ferro, puntando verso casa. Carlo Sgorlon, nei suoi romanzi, le battezzò *sedonère*. Significa venditrici di *sedòns*, che in dialetto sono i cucchiai di legno.

Non che in paese potessero finalmente collocarsi a riposo, tutt'altro. Mariti e suoceri, nonché padri storici del giudizio, valutavano il raccolto che le *sedonère* avevano portato a casa stipato nei carretti. Soprattutto derrate alimentari, qualche caratello di vino, granturco, farina e un po' di soldi. Non di rado i valutanti storcevano il naso per il poco denaro raccolto. «*Podevièi fi mie*»[55] brontolavano.

Da ottobre le *sedonère* riprendevano a faticare in famiglia. Uno dei compiti loro affidati era politura e levigatura dei manufatti in legno che gli artigiani scolpivano alla sera, accanto al fuoco del camino. Alla prossima estate sarebbero ripartite di nuovo, in giro per le città a venderli. Poi toccava la pulizia e manutenzione della casa, della stalla, preparare i pasti, curare i bambini, accudire gli anziani. Quelle sante della vita invecchiavano anzitempo, conservando sempre fierezza e nobiltà d'animo, seppur racchiuse nell'atavico silenzio imposto dai capifamiglia.

Intanto i giorni trascorrevano lenti, ma così lenti non erano, visto che in un baleno l'anno finiva. Novembre portava i fiori dei morti. Qualche tempo prima del 2, donne adulte e anziane si dedicavano a curare le sepolture. Perché, come recita una poesia del Pascoli, "Splende un lume là nella sala. Nasce l'erba sopra le fosse". Occorreva estirparle, quelle erbacce, lavare i marmi, portare fiori, ricordare.

Il poeta portoghese Fernando Pessoa rivelava tutt'altro parere. Un suo scritto dice: "Quando l'erba crescerà sulla mia tomba, sia lì il segno che mi si dimentichi del tutto". Desiderava lasciassero il suo posto finale come natura vuole. E concludeva: "Si dica ch'io continuo a rinverdire e a essere naturale". Ma da noi, a quei tem-

[55] Potevate fare meglio.

pi, il culto dei morti era sacro, le dimore ai defunti andavano sistemate. Almeno una volta all'anno.

Dopo i morti si seminava l'aglio e si proteggevano gli ortaggi dal primo gelo, coprendoli con teli e foglie secche di faggio. Questo in luna crescente. Poi c'erano cose da fare quando l'astro notturno rimpiccioliva.

Pareva, lassù nelle terre ostili, che l'astro notturno influisse sull'umore delle spose, quando era in fase crescente. In generale su tutte le donne, tranne le bambine, troppo giovani e innocenti per fare le bizze. A quelle avanzava tempo. Quando una moglie mostrava segni d'insofferenza, accampando motivi validi, non ultima la stanchezza per le fatiche giornaliere, il marito candidamente affermava: «*La sèint le fiaste, l'ha la luna granda*».[56]

Le feste erano quelle di Natale, visto che nel frattempo era apparso dicembre, coi suoi bagliori di lucine e mandarini appesi all'albero. La scusa della luna valeva pure per le altre feste comandate: l'astro notturno si prendeva le colpe di donne senza colpe.

Intanto il calendario della memoria stava per chiudere un altro giro di mesi, giorni e preoccupazioni che si rinnovavano ogni mattina. La vita delle genti di montagna era piuttosto ripetitiva. Dove non vi è ricchezza, per campare bisogna fare sempre le stesse cose. Ogni tratto di storia fino alla morte era già stata. Oggi non è così: si può variare, inventare, cambiare metodi, usi e costumi. I mezzi moderni e la tecnologia lo permet-

[56] Sente le feste, ha la luna che cresce.

tono. Allora no, toccava campare ripetendo, e questo a volte creava stanchezza mentale. Celio mi diceva: «C'è solo una cosa da fare più volte senza stancarsi». A buon intenditor...

Ora è tempo di terminare il lunario della memoria. Lo chiudo con un frammento poetico di Giovanni Titta Rosa, *Amico inverno*:

Ma cade la notte rapida,
fra lividi guizzi di luce dal cielo,
e appare sul monte brullo
la luna di gennaio.

Era tornata l'ora di portare letame sulla neve.

Erto, 21 gennaio 2024

Indice

PEFC
PEFC/18-32-03

Certificato PEFC
Questo prodotto è realizzato con materia prima da foreste gestite in maniera sostenibile e da fonti controllate
www.pefc.it

Mondadori Libri S.p.A.

Questo volume è stato stampato
su carta HOLMEN
con fibra vergine proveniente da foreste sostenibili holmen.com/paper
presso ELCOGRAF S.p.A.
Stabilimento - Cles (TN)

Stampato in Italia - Printed in Italy